U0836848

"十四五"职业教育国家规划教材

会计实务操作

(第三版)

周雨冬　李凤云　主　编

孙晓敏　王　欢　张兴菊　王　琳　副主编

王秀娟　主　审

中国财经出版传媒集团

中国财政经济出版社

· 北京 ·

图书在版编目（CIP）数据

会计实务操作／周雨冬，李凤云主编. --3版. --北京：中国财政经济出版社，2024. 3

“十四五”职业教育国家规划教材

ISBN 978-7-5223-3008-2

Ⅰ. ①会…　Ⅱ. ①周…　②李…　Ⅲ. ①会计实务-职业教育-教材　Ⅳ. ①F233

中国国家版本馆CIP数据核字（2024）第067055号

责任编辑：樊　闽　马宇泽　　　　封面设计：卜建辰

责任校对：胡永立　　　　　　　　责任印制：张　健

会计实务操作（第三版）

KUAIJI SHIWU CAOZUO（DI SAN BAN）

中国财政经济出版社 出版

URL：http：//www. cfeph. cn

E-mail：cfeph@ cfeph. cn

社址：北京市海淀区阜成路甲28号　邮政编码：100142

营销中心电话：010-88191522

天猫网店：中国财政经济出版社旗舰店

网址：https：//zgczjjcbs. tmall. com

北京密兴印刷有限公司印刷　各地新华书店经销

成品尺寸：185mm×260mm　16开　13印张　312 000字

2024年3月第3版　2024年3月北京第1次印刷

定价：36. 00元

ISBN 978-7-5223-3008-2

（图书出现印装问题，本社负责调换，电话：010-88190548）

本社质量投诉电话：010-88190744

打击盗版举报热线：010-88191661　QQ：2242791300

编写 说明

本书是“十四五”职业教育国家规划教材，作为全国中等职业学校财经商贸类教材使用。本书修订贯彻习近平新时代中国特色社会主义思想和二十大报告精神，结合学科特点，在每个单元中加入思政元素，将铸魂育人、知识传授和能力养成三者有机融合，注重以点带面、因小见大，坚持教书与育人并行。

在教材修订过程中，遵循会计准则、体现最新税收政策、完善典型业务案例，保证了教材内容与国家税制改革和会计行业变化同步，确保了时效性与准确性。教材以虚拟的工业企业雅布利食品有限公司作为会计实务操作主体，以其具有代表性的 12 月一整月的经济业务，按照会计账务处理程序进行会计业务处理，符合职业教育人才培养目标及本课程教学的要求，所选理论内容的广度和深度能够满足实践教学和未来从事岗位工作的需要，强调能力本位，突出实用性与可操作性，贴近企业会计岗位的职业需要，让教材使用者能自然地做到由专业课到实践课的从容衔接。

本书在教学目标的定位、内容的筛选、结构的设计、业务的选取上进行了大量认真细致的研究及企业实地调研，将学习者置身于企业实际工作情境之中，有效地促进学习者职业能力的拓展，其优越性主要体现在以下几方面：

（一）具有极强的适应性与针对性

为适应目前中职学生就业现状，本书虚拟了会计实务操作主体——小型制造企业雅布利食品有限公司的一整月的经济业务按照会计账务处理程序进行会计业务处理。本书通过精心设计，将会计基础、出纳岗位、财务会计岗位、成本会计岗位等相关课程的职业能力训练因素有机融合于“会计实务操作”之中。实务操作过程可以采用“单人实务操作”“分组实务操作”或“分岗实务操作”方式进行，由实务操作学校自行选用。本书建议以“分组实务操作”方式进行，以实务操作小组为单位，小组的每个成员完成全部实务操作工作，并针对性地设计了一般小企业通常设置的三个会计岗位：会计主管、会计岗位、出纳岗位，通过实务操作既可以使学生全方位了解小企业中各个岗位承担的不同岗位职责，为胜任每一会计工作岗位打下基础，又可以提升学生对会计业务的综合处理能力，更好地满足就业需要。

（二）突出实务操作指导的重要性

本书特别安排了会计实务操作指导部分，旨在引导学生了解实务操作内容和程序，对教师掌控实务操作过程、高质量地完成实务操作工作起到辅助作用。从实务操作前的准备工作，如以小组为单位领取实务操作材料并装订成册，到实务操作过程的考核，最后提交实务操作作业。层层把关，步步控制，从而为有条不紊地完成整个实务操作任务提供了有力保障。

（三）培养会计工作整体意识

结合实务操作内容，制造企业的会计实务操作从建账开始，进而根据模拟企业雅布利食品有限公司 12 月份发生的经济业务填制原始凭证、记账凭证，登记日记账和明细账，根据上半月、下半月编制的记账凭证进行科目汇总并据以登记总账，最后编制会计报表。其中穿插介绍各岗位会计的相关知识，使学生在实务操作过程中明确会计工作职责、工作内容，切身体会会计工作不是一个人的工作，需要与银行、税务、往来业务单位、企业内部库管员等各部门、各岗位密切联系。一个月的经济业务做下来，使学生对企业整体的财务工作是如何运作、各岗位之间如何衔接、凭证如何传递、与内、外部门如何核对清清楚楚，通过实务操作增加对会计工作的立体感，培养会计工作整体意识。

（四）对会计工作的一整套核算流程高度重视

打破以往的会计实务操作中大多只注重让学生做一个月的会计核算，但不重视会计工作的基本核算流程、操作不规范的瓶颈，对会计工作的整个核算程序高度重视。摒弃了模拟实务操作中经常出现的如会计凭证填制后未进行审核便直接登记账簿、期末未进行对账便直接结账等不规范操作程序，使建账、填制和审核凭证、登账、对账等一整套会计核算流程按规范要求进行，尤其以“总账账户试算平衡表”“总账与其所属明细账户本期发生额和余额试算平衡表”等附表为基石，突出了期末对账这一易忽略步骤。通过编制试算平衡表进行对账，使对账工作具有可操作性，学生通过实务操作，对于对账工作的重要性有了充分的感性认识。

（五）突出前瞻性与可控性

模拟实务操作以财政部最新颁布的《小企业会计准则》为依据，选择典型性业务，具有前瞻性；本书的会计实务操作，按照会计账务处理程序，分实务操作环节依次进行，教学引导者凭借每个实务操作环节完成之后的“实务操作考核表”，考核和检验学习者对会计实务的掌握、运用程度，作为评定成绩的依据。“实务操作考核表”一方面针对学生需要掌握的重点、难点会计实务操作部分专门设置“关键控制点”，引起学生高度重视，便于实务操作指导教师重点指导；另一方面将学生小组考核与指导教师考核将结合，成绩的评定由小组和教师共同完成，便于调动学习者的实务操作热情；同时各环节实务操作考核结束后，要求学生上交实务操作考核表，由指导教师建档保管，作为实务操作管理的一个重要控制点，使学生的实务操作成果有据可查，实现实务操作效果的及时反馈，改变原有实务操作方式的涣散状态，体现可控性。

本课程总学时 72 学时，各学校可根据情况自行安排，课时分配见下表（供参考）：

教学内容		学时数		
		讲授	操作	合计
第一部分　会计实务操作指导	能力内容一　实务操作目标和内容			
	能力内容二　实务操作前的准备工作			
	能力内容三　实务操作效果的考核			
第二部分 制造企业会计实务操作	能力内容一　会计实务操作概述	2		2
	能力内容二　建账	2	4	6
	能力内容三　经济业务处理	4	32	36
	能力内容四　对账、结账及编制会计报表	3	13	16
	能力内容五　整理会计档案	1	3	4
	能力内容六　会计实务操作业务与原始凭证	1	3	4
	机动课时		2	2
	小　计	13	57	70
合　计		13	57	70

本书由周雨冬、李凤云担任主编，孙晓敏、王欢、张兴菊、王琳担任副主编，雷继红、王亚军也参加了编写，王秀娟担任主审。

本书可作为各类中等职业技术学校会计及相关专业的教材，也可作为会计行业的培训教材和自学用书。用书学校任课老师若需要本教材的答案，请以电子邮件的形式向中国财政经济出版社索取，Email：caijingjiaocai@163. com。本书还制作了电子课件，任课老师若有需要，请登录以下网址下载：http：//jiaocai. cfeph. cn。

由于成书时间较短，加之编者水平有限，书中疏漏之处在所难免，敬请读者不吝赐教。

编　者

2024 年 1 月

目 录

第一部分　会计实务操作指导

【实务操作要求】

◇　指导各实务操作小组发放实务操作材料并按要求装订4本会计账簿

◇　规范学生实务操作成绩考核办法

能力内容一　实务操作目标和内容

差之毫厘，谬以千里：会计人员的爱岗敬业

一、实务操作目标

“会计实务操作”是在完成会计基本理论、会计岗位实务操作教学之后的一门综合性课程。通过模拟某一小型制造企业一个月的经济业务，完成从填制、取得原始凭证开始直至编制会计报表的基本会计实务。采用以学生实务操作为主、教师指导为辅的实务操作方法，达到如下训练目标：

1. 巩固学生会计理论、分会计岗位实务操作成果，提升学生对会计业务的综合处理能力。

2. 学生通过动手实际操作的训练，可以缩短将会计理论应用于会计实践的时间，有利于学生毕业后迅速适应会计工作的需要。

3. 可以培养学生严谨认真的工作态度、踏实肯干的工作作风和通力协作的团队精神。

二、实务操作内容

本教材虚拟了会计实务操作主体小型制造企业雅布利食品有限公司的经济业务，按照会计账务处理程序进行会计业务处理。

账务处理程序，也称会计核算程序，是指会计凭证、会计账簿、会计报表相互结合的方式。企业常用的账务处理程序包括记账凭证账务处理程序、科目汇总表账务处理程序和汇总记账凭证账务处理程序等。

各种账务处理程序的主要区别在于登记总账的依据和方法不同。记账凭证账务处理程序根据记账凭证直接登记总账；科目汇总表账务处理程序根据记账凭证定期编制科目汇总表（或记账凭证汇总表）并据以登记总账；汇总记账凭证账务处理程序根据记账凭证定期编制汇总记账凭证并据以登记总账。本会计实务操作采用科目汇总表账务处理程序（见图 1－1）。

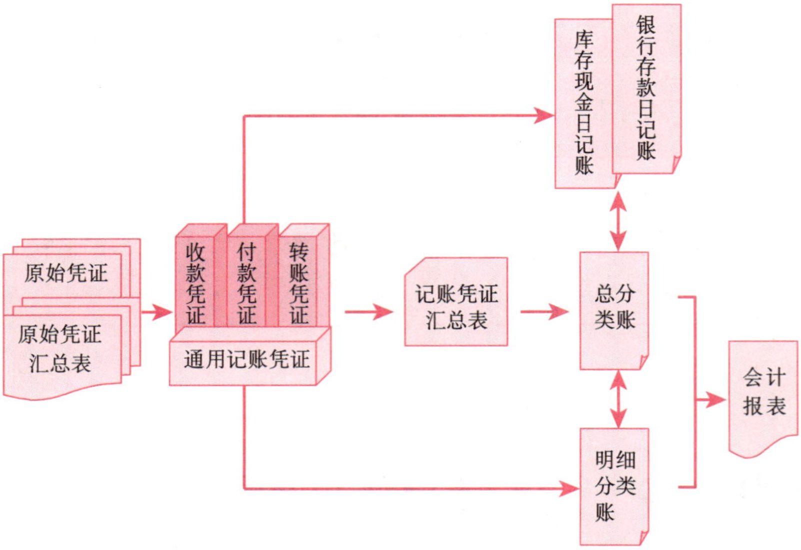

图 1－1　科目汇总表账务处理程序

小型制造企业会计实务操作的内容就是完成企业经济业务会计核算全过程，具体包括建账、填制和审核原始凭证，填制和审核记账凭证，登记会计账簿，对账与结账，编制会计报表，整理会计档案等。

小型制造企业的会计实务操作从建账开始，进而根据模拟企业——雅布利食品有限公司12 月份发生的经济业务填制原始凭证、记账凭证（分为上半月、下半月业务），登记日记账和明细账，根据上、下半月业务填制的记账凭证进行两次科目汇总并据以登记总账。

能力内容二　实务操作前的准备工作

令人震惊的爆料：会计人员如何规避从业风险

一、实务操作的组织形式

实务操作可分为单人实务操作、分组实务操作和分岗位实务操作三种组织形式。各种组织形式的要求见表 1－1。

表 1－1　实务操作的组织形式

序号	形式	要求
1	单人实务操作	每个学生独立完成会计实务操作的全部会计岗位的工作，独自完成实务操作任务
2	分组实务操作	• 3 人一组，由小组成员自主推荐组长一名，负责该实务操作小组的工作，共同完成综合实务操作任务 • 每一项实务操作任务结束后，由小组成员根据各自完成的实务操作作业和本教材中提供的评分标准，集体评定每个成员的实务操作成绩，最后由实务操作指导教师给出综合考核成绩
3	分岗实务操作	• 4 人一组，设置制单、会计主管、会计、出纳会计岗位 • 每人模拟一个会计岗位的工作，按照会计岗位完成实务操作任务
备注	本模拟采用分组实务操作的组织形式，按照该种组织形式的需要，安排实务操作任务	

二、实务操作准备材料

自备 1 本通用记账凭证（100 张）或收款凭证 15 张、付款记账 35 张、转账凭证 50 张；科目汇总表 6 张；银行存款余额调节表 1 张；总账账户试算平衡表 1 张（见附 1）；总账与其所属明细账本期发生额和余额试算平衡表 1 张（见附 2）；资产负债表、利润表各 1 份；各种会计账簿。各种会计账簿资料见表 1－2。

表 1－2　各种会计账簿资料表

序号	账页数量	加具封面、扉页、账页目录	形成各种会计账簿（4 本）
1	库存现金日记账（三栏式）2 页 银行存款日记账（三栏式）2 页	1 张账簿封皮 1 张账簿扉页	日记账（包括库存现金日记账和银行存款日记账）1 本
2	三栏式明细账 51 页	1 张账簿封皮 1 张账簿扉页 2 张账页目录	三栏式明细账 1 本
3	多栏式明细账 21 页 数量金额式明细账 13 页 横线登记式明细账 1 页	1 张账簿封皮 1 张账簿扉页 1 张账页目录	非三栏式明细账 1 本
4	三栏式总账 40 页	1 张账簿封皮 1 张账簿扉页 2 张账页目录	总账 1 本
备注	按实务操作小组分发实务操作资料，由每组派出人员领取		

操作指南

装订 4 本会计账簿

账簿中的账页采用仿真会计实际工作的账页，为节省模拟成本，可自行印刷会计账页，然后将会计账页按照表 1－2 提供的资料，由学生自己装订成册形成账簿，既便于学生实务操作，也便于教师进行指导。

◆ 形成4本会计账簿，包括日记账、三栏式明细账、非三栏式明细账和总账。

◆ 每本账簿按封皮、扉页、账页目录和账页的顺序排序。

◆ 在每本账簿封皮上书写账簿名称、学生姓名及班级。如：

账簿名称：三栏式明细账

学生姓名：刘晓羽

班　　级：23级3班

三、实务操作准备用品

实务操作需准备各种模拟实务操作用品，按照实务操作小组或实务操作人员配备，实务操作用品名称、数量、用途情况见表1－3。

表1－3　　实务操作用品一览表

<table>
<tr><th>序号</th><th>实务操作用品名称</th><th>数量</th><th>配备形式</th><th>用途</th></tr>
<tr><td rowspan="2">1</td><td>模拟账务专用章</td><td>1枚</td><td rowspan="5">按小组配备</td><td rowspan="2">通过银行办理结算，如签发支票等</td></tr>
<tr><td>模拟法人代表名章</td><td>1枚</td></tr>
<tr><td>2</td><td>模拟发票专用章</td><td>1枚</td><td>销售货物开具发票</td></tr>
<tr><td rowspan="8">3</td><td>会计科目章</td><td>1盒</td><td rowspan="8">填制记账凭证、登记账簿、结账、错账更正、编制会计报表等</td></tr>
<tr><td>红色印台</td><td>1盒</td></tr>
<tr><td>黑色水性笔</td><td>1只</td><td rowspan="6">按每人配备</td></tr>
<tr><td>红色水性笔</td><td>1只</td></tr>
<tr><td>会计人员名章</td><td>1枚</td></tr>
<tr><td>直尺</td><td>1把</td></tr>
<tr><td>计算器</td><td>1个</td></tr>
<tr><td>算盘</td><td>1把</td></tr>
<tr><td rowspan="7">4</td><td>胶水</td><td>1瓶</td><td rowspan="7">按小组配备</td><td rowspan="7">整理、粘贴、装订会计凭证，保管会计材料等</td></tr>
<tr><td>回形针（或大头针）</td><td>1盒</td></tr>
<tr><td>剪刀</td><td>1把</td></tr>
<tr><td>大夹子</td><td>6个</td></tr>
<tr><td>账绳</td><td>12条</td></tr>
<tr><td>锥子</td><td>3把</td></tr>
<tr><td>文件筐</td><td>3个</td></tr>
<tr><td>备注</td><td colspan="4">• 使用的各种印章，可以制作模拟的各种印章，也可以用红色水性笔画出印章样式代替印章使用
• 会计凭证的装订也可以使用电动凭证装订机进行</td></tr>
</table>

能力内容三　实务操作效果的考核

发挥会计职能作用，遵守相关法律法规

一、实务操作考核方式

本会计实务操作，是从建账开始分实务操作环节依次进行的，包括建账、经济业务处理（分为上半月、下半月）、对账与结账、编制会计报表和整理会计档案五部分构成。各个实务操作环节完成之后，为了考核和检验学生对会计实务的掌握、运用程度，有针对性地设置了五个“实务操作考核表”，作为评定学生成绩的依据。“实务操作考核表”中包括考核内容、分值、小组考核得分三部分，一方面，针对学生需要掌握的会计实务操作重点、难点部分，专门设置了“关键控制点”，可以引起学生高度重视，也便于实务操作指导教师重点指导；另一方面，将学生小组考核与指导教师考核相结合，成绩的评定由小组和教师共同完成，改变原有实务操作方式的涣散状态，便于调动学生的实务操作热情。

各环节实务操作考核结束之后，要求学生上交建账等各个环节实务操作考核表，由指导教师建档保管，作为实务操作管理的一个重要控制点，使学生的实务操作成果有据可查，实现实务操作效果的及时反馈。

二、评定实务操作成绩

（一）成绩依据

根据实务操作考核表，由实务操作小组互评、指导教师综合评定确定学生实务操作成绩。各环节实务操作考核表包括建账实务操作考核表、12 月上半月业务处理考核表、12 月下半月业务处理考核表、对账与结账、编制会计报表考核表和实务操作成果考核表（见表 1 – 4 至表 1 – 8）。

（二）成绩内容

实务操作成绩共计 100 分，由建账（10 分）、12 月上半月业务处理（25 分）、12 月下半月业务处理（25 分）、对账与结账、编制会计报表（20 分）和学生上交的实务操作成果（20 分）五部分计算而成。

（三）成绩等级

成绩评定分为五个等级，优秀（90 ~ 100 分）、良好（80 ~ 89 分）、中等（70 ~ 79 分）、及格（60 ~ 69 分）和不及格（60 分以下）。

表 1－4

建账实务操作考核表

学校： 班级： 姓名：

序号	考核内容（关键控制点用＊表示）		分值	小组考核得分			
				较好	中等	较差	合计
1	建立账簿总体要求	在各种账簿封面上写明单位名称和账簿名称	5				
		填写账簿扉页，即账簿启用登记表	5				
		填写各种账簿目录	10				
		＊在账页第一行的余额栏登记各种账簿本月的期初余额，并标明余额方向	50				
	小计		70				
2	建立日记账	采用订本式账簿，账页是否连续编号，是否够用	10				
	小计		10				
3	建立三栏式明细账	采用订本式账簿，账页是否连续编号，是否够用	10				
	小计		10				
4	建立非三栏式明细账	采用多栏式、数量金额式、横线登记式账页，账页是否够用	10				
	小计		10				
合计			100				

实务操作小组成员签名：

组长：

组员： 组员：

教师评价：

评定得分：____________分，按照 10% 折合为最后成绩____________分。

指导教师签名：

年 月 日

备注：

1. 本环节满分 10 分。
2. 考核学生实务操作成绩方法：
   - ◆ 学生上交“建账实务操作考核表”，教师在学生小组评定的基础上，确定该环节实务操作成绩。
   - ◆ 实务操作结束后，指导教师根据各环节的实务操作考核成绩，综合给出每个学生的实务操作总成绩。

填表说明：本表由实务操作小组填写，最后由指导教师综合评定成绩。表中小组考核得分中的“较好”，得分按该项分值的 70% 以上确定；“中等”按该项分值的 40% ~70% 确定；“较差”按该项分值的 40% 以下确定。

表 1－5

12 月上半月业务处理考核表

学校：　　　　　　　　　　　　　　班级：　　　　　　　　　　　　　　姓名：

序号	考核内容（关键控制点用＊表示）		分值	小组考核得分			
				较好	中等	较差	合计
1	填写原始凭证	原始凭证的填写日期正确	5				
		内容完整	5				
		＊大小写金额正确	5				
		有关人员或部门签字盖章	5				
	小计		20				
2	编制记账凭证	记账凭证日期、凭证编号、摘要书写正确	3				
		＊会计科目、记账方向、金额填写正确、完整	10				
		正确填写附件份数、划封线	3				
		在“制单”处签名或盖名章、记账后作标记	3				
		字迹规范、清晰、工整	6				
	小计		25				
3	登记日记账和明细账	年月日填写完整，正确登记凭证号、摘要	3				
		＊登记账簿正确、完整	16				
		账面清晰、整洁	6				
	小计		25				
4	编制科目汇总表	1～15 日的 T 形账	5				
		日期、凭证号填写正确	5				
		＊借贷方发生额合计数平衡	5				
	小计		15				
5	登记总账	年月日填写完整，正确登记凭证号、摘要	5				
		＊登记账簿正确、完整	5				
		账面清晰、整洁	5				
	小计		15				
合计			100				

实务操作小组成员签名：

组长：　　　　　　　　组员：　　　　　　　　组员：

教师评价：评定得分__________________分，按照 25% 折合为最后成绩__________________分。

指导教师签名：　　　　　　　年　　月　　日

备注：

1. 本实务操作总分 25 分。
2. 考核学生实务操作成绩方法：
   - ◆ 学生上交“12 月上半月业务处理考核表”，教师在学生小组评定的基础上，确定该环节实务操作成绩。
   - ◆ 实务操作结束后，指导教师根据各环节的实务操作考核成绩，综合给出每个学生的实务操作总成绩。

填表说明：本表由实务操作小组填写，最后由指导教师综合评定成绩。表中小组考核得分中的“较好”，得分按该项分值的 70% 以上确定；“中等”按该项分值的 40%～70% 确定；“较差”按该项分值的 40% 以下确定。

表 1-6

12 月下半月业务处理考核表

学校：　　　　　　　　　　班级：　　　　　　　　　　姓名：

序号	考核内容（关键控制点用 * 表示）		分值	小组考核得分			
				较好	中等	较差	合计
1	填写原始凭证	原始凭证的填写日期正确	5				
		* 内容完整	5				
		大小写金额正确	5				
		有关人员或部门签字盖章	5				
	小计		20				
2	编制记账凭证	记账凭证日期、凭证编号、摘要书写正确	3				
		* 会计科目、记账方向、金额填写正确、完整	10				
		正确填写附件份数、划封线	3				
		在“制单”处签名或盖名章、记账后作标记	3				
		字迹规范、清晰、工整	6				
	小计		25				
3	登记日记账和明细账	年月日填写完整，正确登记凭证号、摘要	3				
		* 登记账簿正确、完整	16				
		账面清晰、整洁	6				
	小计		25				
4	编制科目汇总表登记总账	编制 16~31 日的 T 形账	5				
		编制 16~31 日科目汇总表且借贷方发生额合计数平衡	5				
		* 登记总账正确、完整	5				
	小计		15				
5	装订记账凭证	装订的记账凭证要件齐全	5				
		按规范装订完成的记账凭证 2 册	5				
		检查记账凭证封皮上有关部门、人员签字盖章是否齐全	5				
	小计		15				
合计			100				

实务操作小组成员签名：

组长：　　　　　　　组员：　　　　　　　组员：

教师评价：评定得分____________分，按照 25% 折合为最后成绩____________分。

指导教师签名：　　　　　　　年　月　日

备注：

1. 本实务操作总分 25 分。
2. 考核学生实务操作成绩方法：
   - ◆ 学生上交“12 月下半月业务处理考核表”，教师在学生小组评定的基础上，确定该环节实务操作成绩。
   - ◆ 实务操作结束后，指导教师根据各环节的实务操作考核成绩，综合给出每个学生的实务操作总成绩。

填表说明：本表由实务操作小组填写，最后由指导教师综合评定成绩。表中小组考核得分中的“较好”，得分按该项分值的 70% 以上确定；“中等”按该项分值的 40% ~70% 确定；“较差”按该项分值的 40% 以下确定。

表 1－7 　　对账、结账与会计报表考核表

学校： 　　班级： 　　姓名：

序号	考核内容（关键控制点用*表示）		分值	小组考核得分			
				较好	中等	较差	合计
1	对账	账证核对，记账凭证与明细账核对	5				
		*总账之间核对，填写的“总账账户试算平衡表”是否正确	20				
		总账与所属的明细账之间核对，填写的“总账与所属明细账户本期发生额和余额试算平衡表”是否正确	20				
		账实核对，编写的“银行存款余额调节表”是否正确	5				
	小计		50				
2	结账	按照规定要求对所有账户结账	10				
		期末结账规范、正确	10				
		书写清晰、规范	10				
	小计		30				
3	编制会计报表	各项数据计算准确、真实可靠	10				
		*借贷方合计数平衡，勾稽关系正确	5				
		书写清晰、规范	5				
	小计		20				
合计			100				

实务操作小组成员签名：

组长：

组员： 　　组员：

教师评价：评定得分____________分，按照 20% 折合为最后成绩____________分。

指导教师签名：

年　月　日

备注：

1. 本实务操作总分 20 分。
2. 考核学生实务操作成绩方法：
   - ◆ 学生上交“对账、结账与会计报表考核表”，教师在学生小组评定的基础上，确定该环节实务操作成绩。
   - ◆ 实务操作结束后，指导教师根据各环节的实务操作考核成绩，综合给出每个学生的实务操作总成绩。

填表说明：本表由实务操作小组填写，最后由指导教师综合评定成绩。表中小组考核得分中的“较好”，得分按该项分值的 70% 以上确定；“中等”按该项分值的 40% ～70% 确定；“较差”按该项分值的 40% 以下确定。

表 1-8 **实务操作成果考核表**

学校： 班级： 姓名：

序号	考核内容（关键控制点用 * 表示）	分值	小组考核得分			
			较好	中等	较差	合计
1	装订成册的记账凭证	30				
2	装订成册的日记账	10				
3	装订成册的三栏式明细账	10				
4	*装订成册的非三栏式明细账	20				
5	装订成册的总账	10				
6	装订完成的会计报表	20				
合计		100				

实务操作小组成员签名：

组长：

组员： 组员：

教师评价：评定得分________________分，按照 20% 折合为最后成绩________________分。

指导教师签名：

年 月 日

备注：

1. 本实务操作总分 20 分。
2. 考核学生实务操作成绩方法：
   - ◆ 学生上交“实务操作成果考核表”，教师在学生小组评定的基础上，确定该环节实务操作成绩。
   - ◆ 实务操作结束后，指导教师根据各环节的实务操作考核成绩，综合给出每个学生的实务操作总成绩。

填表说明：本表由实务操作小组填写，最后由指导教师综合评定成绩。表中小组考核得分中的“较好”，得分按该项分值的 70% 以上确定；“中等”按该项分值的 40% ~70% 确定；“较差”按该项分值的 40% 以下确定。

第二部分 制造企业会计实务操作

小型制造企业会计实务操作认知

中小企业，是指在中华人民共和国境内依法设立的有利于满足社会需要，增加就业，符合国家产业政策，生产经营规模属于中小型的各种所有制和各种形式的企业。在实务工作中，主要从企业规模方面来界定小企业，根据企业从业人员、营业收入、资产总额等指标，结合行业特点划分各行业中型、小型、微型企业。以工业企业为例，从业人员 300 ~1 000 人、营业收入 2 000 万 ~40 000 万元的为中型企业；从业人员 20 ~300 人、营业收入 300 万 ~2 000 万元的为小型企业；从业人员 20 人以下，或营业收入 300 万元以下的为微型企业。

小企业会计的确认、计量和报告主要依据《小企业会计准则》。

能力内容一 会计实务操作概述

做既有精湛技能又有道德情操的会计人

【职业能力目标】

◇ 了解会计实务操作主体的基本情况

◇ 熟悉会计实务操作主体的岗位设置和会计核算要求

【实务操作要求】

◇ 了解会计实务操作主体的各种账户期初余额

◇ 熟悉各种账户适用的账页格式

一、会计实务操作的会计主体

会计实务操作的会计主体是雅布利食品有限公司，为食品生产加工企业，企业现有职工 100 人，营业收入 800 万元，符合《中小企业划型标准规定》的小企业标准。企业设有一个基本生产车间及办公室、财务科、生产科、供销科等职能部门。基本资料如下：

企 业 名 称：雅布利食品有限公司

企 业 类 型：有限责任公司

法 定 代 表 人：刘伟（经理）

注 册 资 本：肆佰伍拾万元整

经 营 范 围：饼干、面包的加工和销售

纳税人识别号：912107031109195736

地 址 、电 话：锦宁市中央大街 3 段 2 号　4157809

开 户 银 行：工商银行解放路支行

账　　　　号：2369874

预留银行印鉴：

二、岗位设置和会计核算要求

相关链接

设置会计工作岗位的基本原则

《会计基础工作规范》对各单位会计工作岗位的设置，规定了基本原则，包括：各单位会计工作岗位的设置应与本单位业务活动的规模、特点和管理要求相适应。通常，业务活动规模大、业务过程复杂、经济业务量较多、管理较严格的单位，会计机构会相应较大，会计机构内部的岗位职责分工会相应较细，会计人员和岗位也相应较多；相反，业务活动规模小、业务过程简单、经济业务量较少和管理要求不高的单位，会计机构相应较小，会计机构内部的分工会相应较粗，会计人员和岗位也相应较少。

（一）岗位设置

1. 会计岗位设置及人员分工。

财务科长：赵兴权，负责审核会计凭证、编制科目汇总表、登记总账和编制会计报表。

会计：王莉，负责填制记账凭证（即制单）、登记各种明细账以及其他会计工作。

出纳：刘莎莎，负责出纳岗位的工作、登记库存现金日记账和银行存款日记账。

提示：

◆《会计基础工作规范》第十二条规定：会计工作岗位可以一人一岗、一人多岗或者一岗多人。

◆一般而言，小型企业大都“一人一岗”和“一人多岗”，而大、中型企业“一岗多人”的情况则比较普遍。

2. 其他岗位设置及人员分工。

（1）企业设有1#、2#两个仓库：1#仓库为成品库，2#仓库为材料仓库。

仓库负责人：李响

仓库管理人员：李林

（2）企业供销科负责开具销售发票。

开票人：孙达

复核：刘洪涛

（3）企业其他相关人员的签字用“××”表示。

（二）会计核算要求

雅布利食品有限公司为小型食品生产加工企业，执行《小企业会计准则》，各种税率均按现行税法执行。本模拟实务操作是雅布利食品有限公司2023年12月的经济业务。该会计主体的核算要求如下：

1. 采用品种法计算产品成本。企业设有一个食品加工车间，生产两种产品——钙奶饼干和奶油面包，所用材料在生产开始时一次投入。该企业是食品生产企业，月末虽然有在产品，但在产品数量很少，因此采用不计算在产品成本法进行产品成本的核算。产品成本项目为直接材料、燃料和动力、直接人工和制造费用。

2. 采用科目汇总表账务处理程序，每半月编制科目汇总表一次。

3. 企业的材料、库存商品、周转材料等均按实际成本核算。材料、库存商品发出的计价方法采用月末一次加权平均法；周转材料采用一次摊销法，日常领用时结转其成本。

4. 采用平均年限法对固定资产、无形资产按月计提折旧及摊销。

5. 企业的供销科实行定额备用金制度，核定的定额为5 000元；其他部门和个人采用非定额备用金制度。

6. 企业为增值税一般纳税人，增值税税率为13%，购进货物收取的增值税专用发票均给出发票联，省略抵扣联；城市维护建设税税率7%，教育费附加征收率3%；各种税金当月月末计算，下月初缴纳。企业所得税税率为25%。所得税按季预缴，年终汇算清缴，假设无税收调整因素。

7. 企业经银行核定的库存现金限额为5 000元。

8. 企业负担“五险”即养老保险、医疗保险、失业保险、工伤保险和生育保险，按照职工工资总额的一定比例计算各种保险金额。职工个人负担“三险”即养老保险、医疗保险、失业保险，按照职工工资总额的一定比例计算，由企业代扣代缴。

9. 费用的分配率或加权平均单位成本应精确到0.0001，计算分配的成本费用应精确到0.01。

三、公司往来单位的有关资料

1. 锦宁市面粉厂。

纳 税 人 识 别 号：912107024512652231

地 址 、电 话：锦宁市中华南路4号，3884567

开户银行、账号：工商银行凌南支行　55671892

2. 天津市运来商场。

纳税人识别号：91217708456789254T

地　址　、电　话：天津市松化西路 8 号 78452231

开户银行、账号：工商银行大东支行 3257167

3. 锦宁市太和超市。

纳税人识别号：912107041055680223

地　址　、电　话：锦宁市松山东路 2－45 号　3881255

开户银行、账号：工商银行上华路支行　1034568897

4. 营口糖业有限公司。

纳税人识别号：912107065689120445

地　址　、电　话：营口市望川路 25 号 89556234

开户银行、账号：工商银行双井营业部　32542771－44

5. 锦宁市保真养鸡场。

纳税人识别号：912107031205889657

地　址　、电　话：锦宁市中山西路 24 号 2123556

开户银行、账号：工商银行铁路支行 110232200561

四、总账和明细账的期初余额

（一）总账 12 月份期初余额表（见表 2－1）

表 2－1　　总账期初余额　　单位：元

序号	编号	账户名称	期初余额		账页格式
			借方金额	贷方金额	
1	1001	库存现金	5 000.00		三栏式
2	1002	银行存款	1 117 384.00		三栏式
3	1012	其他货币资金	10 000.00		三栏式
4	1121	应收票据	298 100.00		三栏式
5	1122	应收账款	1 011 306.84		三栏式
6	1221	其他应收款			三栏式
7	1402	在途物资			三栏式
8	1403	原材料	54 100.00		三栏式
9	1405	库存商品	148 500.00		三栏式
10	1411	周转材料	30 560.00		三栏式
11	1601	固定资产	2 840 000.00		三栏式
12	1602	累计折旧		398 920.84	三栏式
13	1606	固定资产清理			三栏式
14	1901	待处理财产损溢			三栏式
15	1701	无形资产	720 000.00		三栏式
16	1702	累计摊销		72 000.00	三栏式
17	2202	短期借款		120 000.00	三栏式
18	2201	应付票据			三栏式

续表

序号	编号	账户名称	期初余额		账页格式
			借方金额	贷方金额	
19	2102	应付账款		43 600.00	三栏式
20	2203	预收账款			三栏式
21	2211	应付职工薪酬		237 310.00	三栏式
22	2221	应交税费		49 500.00	三栏式
23	2241	其他应付款			三栏式
24	2501	长期借款			三栏式
25	3001	实收资本		4 500 000.00	三栏式
26	3101	盈余公积		144 000.00	三栏式
27	3103	本年利润		616 100.00	三栏式
28	3104	利润分配		53 520.00	三栏式
29	4001	生产成本			三栏式
30	4101	制造费用			三栏式
31	5001	主营业务收入			三栏式
32	5301	营业外收入			三栏式
33	5401	主营业务成本			三栏式
34	5403	税金及附加			三栏式
35	5601	销售费用			三栏式
36	5602	管理费用			三栏式
37	5603	财务费用			三栏式
38	5711	营业外支出			三栏式
39	5801	所得税费用			三栏式
合计			6 234 950.84	6 234 950.84	

（二）明细账 12 月份期初余额表（见表 2 – 2）

表 2 – 2 **明细账期初余额** 单位：元

序号	编号	账户名称	期初余额		账页格式
			借方金额	贷方金额	
1	1001	库存现金	5 000.00		三栏式
2	1002	银行存款	1 117 384.00		三栏式
3	101201	其他货币资金——备用金			三栏式
4	101202	——银行汇票（锦宁市面粉厂）			三栏式
5	101203	——银行汇票（鞍山华泰商场）	10 000.00		三栏式
6	112101	应收票据——天津市远大商场	35 100.00		三栏式
7	112102	——营口兴盛超市			三栏式

续表

序号	编号	账户名称	期初余额		账页格式
			借方金额	贷方金额	
8	112103	——大连市和平超市	263 000.00		三栏式
9	112201	应收账款——营口利达超市	247 800.00		三栏式
10	112202	——天津市运来商场	200 000.00		三栏式
11	112203	——沈阳市广和商厦	427 000.00		三栏式
12	112204	——阜新市大华商场	136 506.84		三栏式
13	122101	其他应收款——职工商娟			三栏式
14	122102	——出纳员			三栏式
15	122103	——保管员			三栏式
16	140201	在途物资——鸡蛋			横线登记式
17	140301	原材料——中筋面粉	10 200.00		数量金额式
18	140302	——高筋面粉	15 000.00		数量金额式
19	140303	——白糖	8 000.00		数量金额式
20	140304	——奶油	20 000.00		数量金额式
21	140305	——鸡蛋	900.00		数量金额式
22	140306	——鲜牛奶			数量金额式
23	140307	——废旧材料			数量金额式
24	140308	——植物油			数量金额式
25	140501	库存商品——钙奶饼干	46 200.00		数量金额式
26	140502	——奶油面包	102 300.00		数量金额式
27	141101	周转材料—面包模具	13 200.00		数量金额式
28	141102	——饼干模具	17 360.00		数量金额式
29	160101	固定资产——车间房屋建筑物	1 400 000.00		多栏式
30	160102	——厂部房屋建筑物	1 000 000.00		多栏式
31	160103	——车间机器设备（烤箱）	150 000.00		多栏式
32	160104	——车间机器设备（旧式和面机）	120 000.00		多栏式
33	160105	——车间机器设备（新式和面机）			多栏式
34	160106	——车间机器设备（成型机）	80 000.00		多栏式
35	160107	——车间机器设备（打蛋机）	50 000.00		多栏式
36	160108	——厂部管理设备（办公台式电脑）	20 000.00		多栏式
37	160109	——厂部管理设备（打印机）	16 000.00		多栏式
38	160110	——厂部管理设备（办公手提电脑）	4 000.00		多栏式
39	160111	——车间运输设备			多栏式
40	160201	累计折旧——车间房屋建筑物		127 458.33	多栏式
41	160202	——厂部房屋建筑物		91 041.67	多栏式
42	160203	——车间机器设备（烤箱）		27 312.50	多栏式

续表

序号	编号	账户名称	期初余额		账页格式
			借方金额	贷方金额	
43	160204	——车间机器设备（旧式和面机）		110 200.00	多栏式
44	160205	——车间机器设备（新式和面机）			多栏式
45	160206	——车间机器设备（成型机）		14 566.67	多栏式
46	160207	——车间机器设备（打蛋机）		9 104.17	多栏式
47	160208	——厂部管理设备（办公台式电脑）		8 708.33	多栏式
48	160209	——厂部管理设备（打印机）		6 966.67	多栏式
49	160210	——厂部管理设备（办公手提电脑）		3 562.50	多栏式
50	160211	——车间运输设备			多栏式
51	160601	固定资产清理——车间机器设备（旧式和面机）			三栏式
52	170101	无形资产——商标权	720 000.00		三栏式
53	170201	累计摊销		72 000.00	三栏式
54	190101	待处理财产损溢——待处理流动资产损溢			三栏式
55	190102	——待处理固定资产损溢			三栏式
56	200101	短期借款——流动资金借款		120 000.00	三栏式
57	220101	应付票据——大连极味有限公司			三栏式
58	220102	——天津市腾达汽车销售有限公司			三栏式
59	220201	应付账款——锦宁市保真养鸡场		3 600.00	三栏式
60	220202	——锦宁市面粉厂		40 000.00	三栏式
61	220203	——锦宁市宏策食品有限公司			三栏式
62	220301	预收账款——锦宁市华联超市			三栏式
63	221101	应付职工薪酬——职工工资		190 000.00	三栏式
64	221102	——职工福利费			三栏式
65	221103	——社会保险费（养老保险费）		30 400.00	三栏式
66	221104	——社会保险费（医疗保险费）		13 300.00	三栏式
67	221105	——社会保险费（失业保险费）		950.00	三栏式
68	221106	——社会保险费（工伤保险费）		1 710.00	三栏式
69	221107	——社会保险费（生育保险费）		950.00	三栏式
70	222101	应交税费——应交增值税		45 000.00	多栏式
71	222102	——应交所得税			三栏式
72	222103	——应交城市维护建设税		3 150.00	三栏式
73	222104	——应交教育费附加		1 350.00	三栏式
74	224101	其他应付款——应付养老保险费			三栏式
75	224102	——应付医疗保险费			三栏式
76	224103	——应付失业保险费			三栏式
77	250101	长期借款——固定资产投资借款			三栏式

续表

序号	编号	账户名称	期初余额		账页格式
			借方金额	贷方金额	
78	300101	实收资本——刘伟		4 500 000.00	三栏式
79	310101	盈余公积——法定盈余公积		98 000.00	三栏式
80	310102	——任意盈余公积		46 000.00	三栏式
81	310301	本年利润		616 100.00	多栏式
82	310401	利润分配——提取法定盈余公积			三栏式
83	310402	——提取任意盈余公积			三栏式
84	310403	——未分配利润		53 520.00	三栏式
85	400101	生产成本——基本生产成本（钙奶饼干）			多栏式
86	40010102	——基本生产成本（奶油面包）			多栏式
87	410101	制造费用——车间			多栏式
88	500101	主营业务收入——钙奶饼干			多栏式
89	500102	——奶油面包			多栏式
90	530101	营业外收入			多栏式
91	540101	主营业务成本			多栏式
92	540301	税金及附加			三栏式
93	560101	销售费用			多栏式
94	560201	管理费用			多栏式
95	560301	财务费用			多栏式
96	571101	营业外支出			多栏式
97	580101	所得税费用			三栏式
合计			6 234 950.84	6 234 950.84	

（三）原材料、周转材料、库存商品明细账 12 月份期初余额（见表 2－3 至表 2－5）

表 2－3　原材料明细账期初余额　　单位：元

材料名称	数量（千克）	单位成本	余额
中筋面粉	2 000	5.10	10 200.00
高筋面粉	3 000	5.00	15 000.00
白糖	1 000	8.00	8 000.00
奶油	1 000	20.00	20 000.00
鸡蛋	100	9.00	900.00
合计			54 100.00

表 2－4　周转材料明细账期初余额　　单位：元

产品名称	数量（套）	单位成本	余额
饼干模具	560	31.00	17 360.00
面包模具	330	40.00	13 200.00
合计			30 560.00

表 2－5　　库存商品明细账期初余额　　单位：元

产品名称	数量（千克）	单位成本	余　额
钙奶饼干	4 200	11.00	46 200.00
奶油面包	6 200	16.50	102 300.00
合　计			148 500.00

（四）12 月份产品产量（见表 2－6）

表 2－6　　产品产量资料

产品名称	期初在产品产量（千克）	本月投产产量（千克）	本月完工产品产量（千克）
钙奶饼干	0	18 000	18 000
奶油面包	0	27 200	27 200

（五）固定资产明细账 12 月份期初余额（见表 2－7）

表 2－7　　固定资产明细账期初余额表　　单位：元

明细科目	固定资产名称	使用部门	购建时间	购建原值	预计使用年限	残值率	年折旧率	月折旧额	已提折旧额	净值
车间房屋建筑物	厂房	生产车间	2021.12.20	1 400 000.00	20	5%	4.75%	5 541.67	127 458.33	1 272 541.67
车间机器设备	烤箱		2021.12.25	150 000.00	10	5%	9.50%	1 187.50	27 312.50	122 687.50
	旧式和面机		2014.03.03	120 000.00	10	5%	9.50%	950.00	110 200.00	9 800.00
	成型机		2021.12.25	80 000.00	10	5%	9.50%	633.33	14 566.67	65 433.33
	打蛋机		2021.12.25	50 000.00	10	5%	9.50%	395.83	9 104.17	40 895.83
厂部房屋建筑物	厂部办公楼	厂部	2021.12.20	1 000 000.00	20	5%	4.75%	3 958.33	91 041.67	908 958.33
厂部管理设备	办公台式电脑		2022.01.10	20 000.00	4	5%	23.75%	395.83	8 708.33	11 291.67
	打印机		2022.01.10	16 000.00	4	5%	23.75%	316.67	6 966.67	9 033.33
	办公手提电脑		2020.02.25	4 000.00	4	5%	23.75%	79.17	3 562.50	437.50
合计				2 840 000.00				13 458.33	398 920.84	2 441 079.16

（六）无形资产明细账期初余额

2022 年 12 月 3 日企业取得一项无形资产——商标权，金额 72 万元，已累计摊销 7.2 万元，摊销期 10 年，按月计提摊销额。

能力内容二 建 账

不做假账，
“诚”就精彩

【职业能力目标】

◇ 正确、熟练地启用各种账簿

◇ 规范登记各种账簿的期初余额

【实务操作要求】

◇ 启用账簿

◇ 登记库存现金日记账、银行存款日记账、各种明细账和总账的期初余额

◇ 填制完成并上交“建账实务操作考核表”，评定每名学生该环节的实务操作成绩

会计实务操作按照会计实际操作程序进行，包括建账、业务处理和对账、结账及编制会计报表。

一、启用账簿

启用会计账簿时，应当在账簿封面上写明单位名称和账簿名称。在账簿扉页上应当附“账簿启用登记表”，内容包括：启用日期、账簿页数、记账人员、会计机构负责人和会计主管人员姓名，并加盖名章和单位公章。记账人员或者会计机构负责人、会计主管人员调动工作时，应当注明交接日期、接办人员或者监交人员姓名，并由交接双方人员签名或者盖章。启用订本式账簿，应当从第一页到最后一页顺序编定页数，不得跳页、缺号。

操作指南

启用账簿步骤

第一步：填写各种账簿扉页的“账簿启用登记表”；

第二步：填写各种账簿目录。

二、建立总账、各种明细账、日记账的期初余额

建立账簿期初余额主要包括三种情况：如果是新建企业，没有期初余额，无须登记；如果是处在经营过程中的企业，上期的期末余额就是本期的期初余额；如果是新的会计年度更换新账，采用“上年结转”的形式，将上年末余额作为本期的期初余额。本模拟属于第二种情况。

相关链接

账簿按账页格式分类的特征

◆ 三栏式账簿，基本结构为借方、贷方和余额三个金额栏目。适用于总账、库存现金日记账、银行存款日记账以及“应收账款”等只需要对金额进行核算的明细账。

◆ 多栏式账簿，一般在借方或贷方栏下设立若干专栏，也可以在借方、贷方栏下分别设立若干专栏。适用于对金额进行核算且需要列明明细项目的收入、费用、成本、利润等账户，如生产成本、利润分配等明细账。

◆ 数量金额式账簿，在借方、贷方和余额三个栏目下分设数量、单价和金额三个小栏。适用于反映财产物资的实物数量和金额的账簿，如原材料、库存商品等明细账。

◆ 横线登记式账簿，也叫“平行式账簿”，在同一账页的同一行分设若干栏，详细地记载一项经济业务从发生到结束的有关内容，如在途物资明细账。

按照会计制度要求正确选择经济业务所适用的账页格式，登记各种账户的期初余额，注明余额方向。

操作指南

登记各种账户期初余额步骤

◆ 登记期初余额依据：总账、明细账期初余额表（见表2－1至表2－7）。

◆ 登记库存现金日记账、银行存款日记账、各种明细账和总账的期初余额。

三、建账实务操作考核

要求各实务操作小组填制完成“建账实务操作考核表”（见表1－4），评定每名学生该环节的实务操作成绩。

能力内容三　经济业务处理

崇高风范、高尚品德和伟大精神

【职业能力目标】

◇ 熟练掌握填制和审核常用的原始凭证

◇ 熟练掌握根据原始凭证填制记账凭证

◇ 准确登记各种会计账簿

◇ 期末准确、规范地对账和结账

◇ 期末能够编制会计报表

【实务操作要求】

◇ 填制完成有关空白原始凭证

◇ 根据审核无误的原始凭证填制记账凭证

◇ 根据记账凭证登记库存现金日记账、银行存款日记账和各种明细账

◇ 根据科目汇总表登记总账（每半月汇总一次）

◇ 填制完成并上交“12 月上半月业务处理考核表”“12 月下半月业务处理考核表”，评定每名学生该环节的实务操作成绩

经济业务处理包括根据经济业务填制原始凭证、填制记账凭证、登记日记账、登记各种明细账和总账。

一、填制和审核原始凭证

（一）原始凭证的内容及填制要求

企业填制或取得的原始凭证，要求做到内容完整，即必须具备：凭证的名称；填制凭证的日期；填制凭证单位名称或者填制人姓名；经办人员的签名或者盖章；接受凭证单位名称；经济业务内容；数量、单价和金额。原始凭证具体内容及填制要求见表 2－8。

表 2－8　　原始凭证的内容及填制要求

项目		内容
签名盖章		• 从外单位取得的原始凭证，必须盖有填制单位的公章 • 从个人处取得的原始凭证，必须有填制人员的签名或者盖章 • 自制原始凭证必须有经办单位领导人或者其指定的人员签名或者盖章 • 对外开出的原始凭证，必须加盖本单位公章
大小写金额	总体要求	• 凡填有大写和小写金额的原始凭证，必须按照填写要求书写 • 大写与小写金额必须相符
	大写金额	• 汉字大写数字金额如零、壹、贰、叁、肆、伍、陆、柒、捌、玖、拾、佰、仟、万、亿等，一律用正楷或者行书体书写，不得用○、一、二、三、四、五、六、七、八、九、十等简化字代替，不得任意自造简化字 • 大写金额数字到元或者角为止的，在“元”或者“角”字之后应当写“整”字或者“正”字；大写金额数字有分的，分字后面不写“整”或者“正”字 • 大写金额数字前未印有货币名称的，应当加填货币名称（如“人民币”），货币名称与金额数字之间不得留有空白 • 阿拉伯金额数字中间有“0”时，汉字大写金额要写“零”字；阿拉伯金额数字中间连续有几个“0”时，汉字大写金额中可以只写一个“零”字；阿拉伯金额数字元位是“0”，或者数字中间连续有几个“0”、元位也是“0”但角位不是“0”时，汉字大写金额可以只写一个“零”字，也可以不写“零”字
	小写金额	• 阿拉伯金额数字应当一个一个地写，不得连笔写 • 阿拉伯金额数字前面应当书写货币币种符号（如人民币符号“￥”）或者货币名称简写和币种符号。币种符号与阿拉伯金额数字之间不得留有空白。凡阿拉伯数字前写有币种符号的，数字后面不再写货币单位（如人民币“元”） • 所有以元为单位的阿拉伯数字，除表示单价等情况外，一律填写到角分；无角分的，角位和分位可写“00”，或者符号“－”；有角无分的，分位应当写“0”，不得用符号“－”代替

续表

项目	内　容
日期大写	• 票据的出票日期必须大写。票据包括支票、银行汇票、银行本票和商业汇票 •《支付结算办法》规定，为防止变造票据的出票日期，在填写票据的月、日时，月为壹、贰和壹拾的，日为壹至玖和壹拾、贰拾、叁拾的，应在其前面加“零”字；日为拾壹至拾玖的，月为拾月至拾贰月的，应在其前面加“壹” • 在实际工作中，各个专业银行在执行上有所不同，一般地，日、月为壹至玖的，在其前面加“零”字；日为拾壹至拾玖的，月为拾月至拾贰月的，应在其前面加“壹”
联次	• 一式几联的原始凭证，应当注明各联的用途，只能以一联作为报销凭证
填制错误	• 原始凭证记载的各项内容均不得涂改 • 原始凭证有错误的，应当由出具单位重开或者更正，更正处应当加盖出具单位印章 • 原始凭证金额有错误的，应当由出具单位重开，不得在原始凭证上更正

（二）填制或取得原始凭证

原始凭证又称单据，是在经济业务发生或完成时取得或填制的，用以记录或证明经济业务的发生或完成情况的文字凭据。填制原始凭证是进行会计工作的重要环节。企业常用原始凭证的填制见表2－9。

表2－9　　常用原始凭证的填制

原始凭证名称	填写人及加盖的印章	基本联次及用途
借款单	借款人填写 加盖借款人单位的财务专用章或现金付讫章	一式三联 第一联：存根联，交借款人 第二联：会计结算凭证，报销凭证 第三联：会计记账凭证，借款凭证
出差旅费报销单	报销人员填写	单联式 报销人员出差回来后根据相关单据如实填写报销
现金存款凭条（现金缴款单）	由存款方出纳人员填写	一式二联 第一联：银行核对联 第二联：客户核对联
支票	出票人签发 加盖出票人的预留银行印鉴	单联式 分为左右两部分，左边为支票存根，签发方作为银行存款减少的原始凭证；右边为支票支付联，交予收款方
银行进账单	一般由收到支票、银行汇票、银行本票方填写 加盖预留银行印鉴	一式三联 第一联：回单联，开户银行交给持票人的受理回单 第二联：收款人开户银行留存 第三联：收账通知联，开户银行交给收款人的收账通知
专用收款收据	收款方开具 加盖收款方财务专用章或现金收讫章	一式三联 第一联：存根联，收款方留存备查 第二联：收据联，收款方记账凭证 第三联：收据联，付款方记账凭证

续表

原始凭证名称	填写人及加盖的印章	基本联次及用途
增值税专用发票	销售方开具 加盖销售方发票专用章	基本联次一式三联 第一联：记账联，销售方记账凭证 第二联：抵扣联，购买方扣税凭证 第三联：发票联，购买方记账凭证
材料验收入库单	企业收料部门填写	一般根据企业管理需要自行设置联次，基本联次一式三联 第一联：存根联，领料部门留存 第二联：记账联，会计部门记账 第三联：留存联，材料仓库留存
产品出库单	企业发料部门填写	一般根据企业管理需要自行设置联次，基本联次一式三联 第一联：存根联，领料部门留存 第二联：记账联，会计部门记账 第三联：留存联，仓库留存

（三）审核原始凭证

企业必须按照会计制度的规定对原始凭证进行审核。对不真实、不合法的原始凭证有权不予接受，并向单位负责人报告；对记载不准确、不完整的原始凭证予以退回，并要求按照会计制度的规定更正、补充。

小技巧

◆ 从本单位或外单位取得的已填制完成的原始凭证，如原始凭证 2－1－1、原始凭证 2－1－2，只需要对其审核。

◆ 本单位内部发生的需要填写的原始凭证，如原始凭证 2－3，需要按要求填制并审核。

二、填制和审核记账凭证

（一）记账凭证的内容和填制要求

记账凭证是登记会计账簿的直接依据，应当根据审核无误的原始凭证及有关资料填制，填制时要求做到内容完整，即必须具备：填制凭证的日期；凭证编号；经济业务摘要；会计科目；金额；所附原始凭证张数；填制凭证人员、稽核人员、记账人员、会计机构负责人、会计主管人员签名或者盖章。收款和付款凭证还应当由出纳人员签名或者盖章。记账凭证的内容及填制要求见表 2－10。

表 2－10　　记账凭证的内容及填制要求

项目	内　容
凭证日期	应填写记账凭证的日期，一般是经济业务发生的日期
凭证编号	记账凭证可以使用通用记账凭证，也可以使用收款、付款凭证和转账凭证 填制记账凭证时，应当对记账凭证进行连续编号。一笔经济业务需要填制两张以上记账凭证的，可以采用分数编号法编号 收款凭证、付款凭证、转账凭证适用三类编号法或五类编号法 三类编号法是在采用收、付、转凭证时，将记账凭证按现金或银行存款收入、现金或银行存款支出、转账三类进行编号，如收字第×号、付字第×号、转字第×号 五类编号法，是在采用收款、付款、转账凭证时，将记账凭证按现金收入、现金支出、银行存款收入、银行存款支出和转账五类进行编号，如现收字第×号、现付字第×号、银收字第×号、银付字第×号、转字第×号
经济业务摘要	简要说明原始凭证所反映的经济业务的内容，要求文字既简练又能说明问题
会计分录	正确填写会计科目（包括总账科目、明细科目）、记账方向和金额
金额及注销线	金额采用阿拉伯数字书写，合计金额数字前加“￥”符号 在记账凭证上填制完成经济业务事项后，如有空行，应当自金额栏最后一笔金额数字下的空行处至合计数上的空行处划线注销
所附原始凭证张数	除结账和更正错误的记账凭证可以不附原始凭证外，其他记账凭证必须附有原始凭证 如果一张原始凭证涉及几张记账凭证，可以把原始凭证附在一张主要的记账凭证后面，并在其他记账凭证上注明附有该原始凭证的记账凭证的编号或者附原始凭证复印件 所附原始凭证的张数一般按其自然张数确定，应用阿拉伯数字填写
签章及过账符号	填制完成的记账凭证，每个经手人一般按以下顺序在相关栏目中签字或盖章：制单→审核→出纳（交领款人）→记账→会计主管 登账完毕后，要在记账凭证注明已经登账的符号“√”，表示已经记账
填制错误	如果在填制记账凭证时发生错误，应当重新填制 已经登记入账的记账凭证，在当年内发现填写错误时，可以用红字填写一张与原内容相同的记账凭证，在摘要栏注明“注销某月某日某号凭证”字样，同时再用蓝字重新填制一张正确的记账凭证，注明“订正某月某日某号凭证”字样。如果会计科目没有错误，只是金额错误，也可以将正确数字与错误数字之间的差额，另编一张调整的记账凭证，调增金额用蓝字，调减金额用红字。发现以前年度记账凭证有错误的，应当用蓝字填制一张更正的记账凭证

（二）填制记账凭证步骤

根据经济业务发生时填制或取得的原始凭证进行业务分析，填制记账凭证。

操作指南

填制记账凭证步骤

以雅布利食品有限公司本月第一笔经济业务为例，说明填制记账凭证步骤。

第一步：业务分析。

该笔经济业务共有 3 张原始凭证。

原始凭证2-1-1表明：公司从锦宁市办公用品专营店购入文件夹50个，金额500元，中性笔8盒，金额80元，增值税进项税额75.40元，共计655.40元。分析得知公司由于购买办公用品，发生的进项税额，借记“应交税费——应交增值税”明细账，以购买发票作为原始凭证。

原始凭证2-1-2表明：公司办公室领用了办公用品580元。故应借记“管理费用——办公费”，以办公用品领用表作为原始凭证。

原始凭证2-1-3表明：公司签发转账支票支付办公费。故应贷记“银行存款”，以转账支票存根作为原始凭证。

第二步：填制记账凭证。

根据业务分析，填制记账凭证（用会计分录表示）。

购买办公用品	借：管理费用——办公费	580.00	
	应交税费——应交增值税（进项税额）	75.40	
	贷：银行存款		655.40

所附原始凭证3张，包括购货发票、办公用品领用表和转账支票存根。

三、登记会计账簿

会计账簿是连接会计凭证和财务会计报告的中间环节，包括日记账、各种明细账及总账。

（一）登记日记账和各种明细账

会计人员登记日记账及各种明细账时应当根据审核无误的会计凭证进行登记。

1. 登记日记账及各种明细账的内容和要求。

登记日记账及各种明细账时要求做到：将会计凭证日期、编号、业务内容摘要、金额和其他有关资料逐项记入账内；数字准确、摘要清楚、登记及时、字迹工整，具体要求见表2-11。

表2-11　登记日记账及各种明细账的要求

项目	内容
登账时间	现金日记账和银行存款日记账必须每天登记 各种明细账的登记可根据企业的实际情况由企业自行决定（本实务操作企业要求至少每5日登记一次）
登账书写格式	账簿中书写的文字和数字上面要留有适当空格，不要写满格；一般应占格距的1/2 数字一般紧挨底线书写，阿拉伯小写数字7、9除外 账簿中书写的数字应倾斜一定角度
登账用笔	登记账簿要用蓝黑墨水或者碳素墨水笔书写，不得使用圆珠笔（银行的复写账簿除外）或者铅笔书写 可以用红色墨水笔记账的有：按照红字冲账的记账凭证，冲销错误记录；在不设借贷等栏的多栏式账页中，登记减少数；在三栏式账户的余额栏前，如未印明余额方向的，在余额栏内登记负数余额；根据国家统一会计制度的规定可以用红字登记的其他会计记录
跳行隔页处理	各种账簿按页次顺序连续登记，不得跳行、隔页。如果发生跳行、隔页，应当将空行、空页划线注销，或者注明“此行空白”“此页空白”字样，并由记账人员签名或者盖章

续表

项目	内　容
账簿余额	凡需要结出余额的账户，结出余额后，应当在“借或贷”等栏内写明“借”或“贷”等字样；没有余额的账户，应当在“借或贷”等栏内写“平”字，并在余额栏“元”位上用“0”表示 现金日记账和银行存款日记账必须逐日结出余额
承前过次处理	每一账页登记完毕结转下页时，应当结出本页合计数及余额，写在本页最后一行和下页第一行有关栏内，并在摘要栏内注明“过次页”和“承前页”字样；也可以将本页合计数及金额只写在下页第一行有关栏内，并在摘要栏内注明“承前页”字样
错账更正	账簿记录发生错误，不准涂改、挖补、刮擦或者用药水消除字迹，不准重新抄写，必须按照规定方法进行更正 记账凭证正确无误，只是登记账簿时发生文字或者数字错误，采用“划线更正法”更正。对于错误的数字，应当全部划红线更正，不得只更正其中的错误数字。对于文字错误，可只划去错误的部分 由于记账凭证错误而使账簿记录发生错误，应当采用“红字冲销法”或“补充登记法”更正

2. 登记日记账及各种明细账步骤。

根据记账凭证及所附的原始凭证，逐笔登记库存现金日记账、银行存款日记账及各种明细账。

操作指南

登记日记账及各种明细账步骤

以雅布利食品有限公司本月第一笔经济业务的记账凭证为例，说明登记日记账及各种明细账步骤。

第一步：登账依据。

本月1日第1号记账凭证（用会计分录表示）。

购买办公用品	借：管理费用——办公费	580.00	
	应交税费——应交增值税（进项税额）	75.40	
	贷：银行存款		655.40

所附原始凭证3张，包括购货发票、办公用品领用表和转账支票存根。

第二步：登记日记账和各种明细账。

按照该公司会计凭证传递程序，出纳根据第1号记账凭证登记银行存款日记账，在记账凭证“记账符号”栏画“√”号并签章；会计根据第1号记账凭证登记“管理费用”和“应交税费——应交增值税”明细账，在记账凭证“记账符号”栏画“√”号并签章。

第三步：当日终了，在最后一笔业务登账完毕，出纳需要对银行存款日记账加计本日收付合计和余额。

其余以此类推，不再赘述。

（二）编制记账凭证汇总表据以登记总账

1. 编制记账凭证汇总表（亦称“科目汇总表”）登记总账的内容和要求（见表2－12）。

表2－12　　编制科目汇总表、登记总账的内容及要求

项　目	内　容	
设置T形账户	按照总账科目开立T形账户，以上半月业务为例，将1～15日的记账凭证逐笔登记入账，计算出每个账户的本期借方发生额、贷方发生额	
编制科目汇总表	编制科目汇总表的期间，可根据企业业务量大小自行确定，一般为5天、6天、10天、15天，最长不超过1个月	
	将T形账户的汇总结果填入科目汇总表，计算其借方、贷方发生额合计数，并核对相符	
登记总账	登账时间	每半月登记一次，上半月为15日，下半月为31日
	摘要	12月15日：在摘要处填写“1—15日凭证汇总过入”
		12月31日：在摘要处填写“16—31日凭证汇总过入”
	凭证号	12月15日：“汇字第1号”或“汇1”
		12月31日：“汇字第2号”或“汇2”
	登账	12月15日：根据“汇字第1号”科目汇总表登记总账，并注明过账标记
		12月31日：根据“汇字第2号”科目汇总表登记总账，并注明过账标记
	其他	登账的总体要求、用笔要求、格式要求等与日记账、明细账相同

2. 编制记账凭证汇总表据以登记总账。

根据本月填制的记账凭证，分别按照1～15日、16～31日记账凭证所记载的总账科目进行汇总，据以编制记账凭证汇总表，然后登记总账。

操作指南

登记总账步骤

以雅布利食品有限公司12月1～15日的记账凭证为例，说明登记总账的步骤。

1. 根据12月1～15日的记账凭证所涉及的会计科目（总账科目）设置T形账户（自备2张空白纸）。

2. 根据12月1～15日的记账凭证所涉及的账户，逐笔登记T形账户。

3. 根据T形账户中所有账户借方、贷方发生额合计数编制记账凭证汇总表（所有账户借方、贷方发生额合计数必须相等）。

4. 根据记账凭证汇总表登记总账并结出余额，注明余额方向。

（三）装订和保管会计凭证

1. 会计凭证装订要求。

将整理好的记账凭证按凭证编号排序，应附上记账凭证封皮，按照要求装订成册。装订会计凭证的要求见表2－13。

表 2－13　　装订会计凭证的要求

项目	内　容
整理凭证	将会计凭证按编号顺序折叠整齐。本月共装订 2 册，上半月、下半月各 1 册
装订顺序	记账凭证封皮、科目汇总表、T 形账户、记账凭证及所附的原始凭证
加具封面	注明单位名称、年度、月份和起讫日期、凭证种类、起讫号码
装订人盖章	由装订人在装订线封签外签名或者盖章
其他	对于数量过多的原始凭证，可以单独装订保管

2. 保管会计凭证。

在会计实际工作中，装订成册的记账凭证，应当按照分类和编号的顺序作为会计档案保管，不得散乱丢失。

四、经济业务处理实务操作考核

要求学生分别填制完成并上交“12 月上半月业务处理考核表”“12 月下半月业务处理考核表”（见表 1－5、表 1－6），评定每名学生该环节的实务操作成绩。

畸高的预付账款：会计人员要知法依法、知章循章

能力内容四　对账、结账及编制会计报表

【职业能力目标】

- ◇ 熟悉账证核对、账账核对以及账实核对
- ◇ 掌握各种账簿的结账方法
- ◇ 能够编制会计报表

【实务操作要求】

- ◇ 月末根据总账资料编制“总账账户试算平衡表”（见附 1）进行总账之间的核对
- ◇ 月末根据总账、明细账资料编制“总账与其所属明细账户本期发生额和余额试算平衡表”（见附 2）进行总账与明细账之间的核对
- ◇ 月末根据企业银行存款日记账和银行对账单（见附 3）编制“银行存款余额调节表”
- ◇ 月末对日记账、各种明细账和总账结账
- ◇ 根据核对无误的账簿资料编制资产负债表
- ◇ 根据核对无误的账簿资料编制利润表
- ◇ 填制完成并上交“对账、结账和编制会计报表考核表”，评定每名学生该环节的实务操作成绩

企业每月发生的经济业务，经过填制凭证、登记账簿之后，需要进行对账和结账，然后根据账簿资料编制会计报表。

一、对账与结账

（一）对账与结账的基本内容和要求

对账工作一般在月末进行，即在记账之后、结账之前进行对账，以保证账证相符、账账相符、账实相符。对账与结账的基本内容和要求见表2－14。

表2－14　　对账与结账的内容及要求

<table>
<tr><th colspan="2">项　目</th><th colspan="2">内　　容</th></tr>
<tr><td rowspan="6">对账</td><td>账证核对</td><td colspan="2">核对会计账簿记录与原始凭证、记账凭证的时间、凭证字号、内容、金额是否一致，记账方向是否相符</td></tr>
<tr><td rowspan="4">账账核对</td><td>总体要求</td><td>核对不同会计账簿之间的账簿记录是否相符</td></tr>
<tr><td>总账之间核对</td><td>将全部总账的发生额和余额进行核对</td></tr>
<tr><td>总账与所属的明细账核对</td><td>将各总账账户的发生额、余额与其所属的明细账的发生额、余额进行核对</td></tr>
<tr><td>总账与日记账核对</td><td>一般由总账会计与出纳员直接根据账簿记录核对</td></tr>
<tr><td>账实核对</td><td colspan="2">1. 核对会计账簿记录与财产等实有数额是否相符
2. 银行存款日记账账面余额定期与银行对账单核对，编制银行存款余额调节表</td></tr>
<tr><td rowspan="5">结账</td><td>结账前</td><td colspan="2">必须将本期内发生的各项经济业务全部登记入账</td></tr>
<tr><td rowspan="4">结账时</td><td>月结</td><td>1. 在摘要栏内注明“本月合计”字样，计算出本月借方发生额、贷方发生额合计数并结出余额注明余额方向
2. 在“本月合计”下面通栏画单红线</td></tr>
<tr><td>年结</td><td>1. 在摘要栏内注明“本年累计”字样，计算出全年累计借方发生额、贷方发生额合计数并结出余额注明余额方向
2. 在“本年累计”下面通栏画双红线</td></tr>
<tr><td rowspan="2">结转下年</td><td>年度终了，要把各账户的余额结转到下一会计年度，并在摘要栏注明“结转下年”字样</td></tr>
<tr><td>在下一会计年度新建有关会计账簿的第一行余额栏内填写上年结转的余额，并在摘要栏注明“上年结转”字样</td></tr>
</table>

（二）对账

前已述及，对账包括账证核对、账账核对和账实核对。本实务操作主要介绍账账核对。账账核对是指核对不同会计账簿之间的记录是否相符。

操作指南

账账核对的步骤

以雅布利食品有限公司12月月末账簿资料为例，说明账账核对的步骤。

1. 账账核对的依据：结出所有账户的月末余额（可以先用铅笔结出余额）。

2. 总账账簿有关账户的发生额和余额核对。

（1）通过编制“总账账户本期发生额和余额试算平衡表”进行。总账账户之间具有如下等量关系（即“三组数据”平衡）：

所有总账账户期末（期初）借方余额合计＝所有总账账户期末（期初）贷方余额合计

所有总账账户本期借方发生额合计＝所有总账账户本期贷方发生额合计

（2）分别核对“三组数据”，如果全部保持平衡，说明总账的登账工作基本无误；如果有一组不平衡，说明总账的登账工作有误，应查找原因最终使之平衡。

3. 总账与其所属明细账的核对。

（1）通过编制“总账与其所属明细账账户本期发生额和余额试算平衡表”进行。总账与其所属明细账之间具有如下等量关系（即“四组数据”平衡）：

总账期初（期末）余额＝所属明细账期初（期末）余额之和

总账本期借方（贷方）发生额＝所属明细账借方（贷方）发生额之和

（2）分别核对“四组数据”，如果全部保持平衡，说明明细账的登账工作基本无误；如果有一组不平衡，说明明细账的登账工作有误，应查找原因最终使之平衡。

（三）结账

结账是指会计期末，在本会计期间所发生的经济业务全部登记入账并核对相符的基础上，结算各账户的本期发生额和期末余额。结账的方法如下：

相关链接

结账的方法

◆ 结账时，应当结出每个账户的期末余额。

◆ 需要结出当月发生额的，应当在摘要栏内注明“本月合计”字样，并在下面通栏划单红线。需要结出本年累计发生额的，应当在摘要栏内注明“本年累计”字样，并在下面通栏划单红线；12月末的“本月累计”就是全年累计发生额。全年累计发生额下面应当通栏划双红线。

二、编制会计报表

（一）编制会计报表的内容及要求

企业的会计报表应当根据登记完整、核对无误的会计账簿记录和其他有关资料编制，做到数字真实、计算准确、内容完整、说明清楚。对外报送的财务报告，应当依次编定页码，加具封面，装订成册，加盖公章。封面上应当注明：单位名称、单位地址、财务报告所属期间、送出日期，并由单位领导人、总会计师、会计机构负责人、会计主管人员签名或者盖章。

小企业的财务报表至少应当包括资产负债表、利润表、现金流量表以及附注，也就是通常所说的“3 张会计报表 + 附注”。本书会计实务操作的会计报表主要包括资产负债表、利润表，内容和具体要求见表 2－15。

表 2－15　编制会计报表的内容及要求

项目		内容
资产负债表	日期	月度报表，每月最后一天。本实务操作企业编表日期为 12 月 31 日
	理论依据	会计基本等式：资产 = 负债 + 所有者权益
	编表根据	总账账户、明细账户的期末余额
	金额关系	账户式资产负债表，左方的资产各项目总计与右方的负债和所有者权益各项目的总计相等
利润表	日期	月度报表，本实务操作企业编表时期为 12 月
	理论依据	会计等式：收入－费用 = 利润
	编表根据	损益类账户的净发生额
	金额关系	多步式利润表，可以分为三个步骤计算营业利润、利润总额和净利润（或净亏损）

（二）填列报表注意的问题

相关链接

◆ 财务报表中相关项目所反映的交易和事项，小企业没有发生的，不得在该项目中按“0”填列，而应空置。

◆ 财务报表中相关项目所反映的交易和事项，小企业当期已经发生但余额为 0 的，在该项目中按“0”填列，而不得空置。

三、对账、结账和编制会计报表实务操作考核

要求学生填制完成并上交“对账、结账与会计报表考核表”（见表 1－7），评定每名学生该环节的实务操作成绩。

能力内容五　整理会计档案

不以规矩，不能成方圆：用规则、守规则

【职业能力目标】

◇ 熟悉会计档案内容及保管期限

◇ 能够整理会计凭证
◇ 能够整理会计账簿
◇ 能够整理会计报表

【实务操作要求】

◇ 上交装订成册的记账凭证
◇ 上交各种会计账簿
◇ 上交各种会计报表
◇ 上交其他会计资料
◇ 填制完成并上交"实务操作成果考核表"，评定每名学生该环节的实务操作成绩

整理会计档案应遵照相关法律、规范的要求进行，规范中的《会计档案管理办法》是财政部、国家档案局1998年8月21日发布的关于会计档案的相关规定，并于2016年1月1日进行了修订，是目前进行会计档案整理所应遵循的主要依据。

一、会计档案整理内容

企业在处理经济业务过程中形成的会计凭证、会计账簿、会计报表和其他会计资料，是记录和反映企业经济业务的重要史料和证据，应当建立会计档案，妥善保管，这是在《会计档案管理办法》及《会计基础工作规范》中明确要求的。会计档案具体内容及保管期限见表2－16。

表2－16　会计档案具体内容及保管期限

<table>
<tr><th colspan="2">会计档案具体内容</th><th>保管期限</th></tr>
<tr><td rowspan="2">会计凭证</td><td>原始凭证</td><td rowspan="2">30年</td></tr>
<tr><td>记账凭证</td></tr>
<tr><td rowspan="5">会计账簿</td><td>日记账（库存现金、银行存款日记账）</td><td rowspan="4">30年</td></tr>
<tr><td>总账</td></tr>
<tr><td>明细账</td></tr>
<tr><td>辅助账簿</td></tr>
<tr><td>固定资产卡片</td><td>报废清理后5年</td></tr>
<tr><td rowspan="2">财务会计报告</td><td>月度、季度、半年度财务报表</td><td>10年</td></tr>
<tr><td>年度财务报表</td><td>永久</td></tr>
<tr><td rowspan="6">其他会计资料</td><td>银行存款余额调节表</td><td rowspan="3">10年</td></tr>
<tr><td>银行对账单</td></tr>
<tr><td>纳税申报表</td></tr>
<tr><td>会计档案移交清册</td><td>30年</td></tr>
<tr><td>会计档案保管、销毁清册</td><td rowspan="2">永久</td></tr>
<tr><td>会计档案鉴定意见书</td></tr>
</table>

（一）会计凭证的整理

会计凭证要做到装订整齐、完整、牢固，以便妥善保管、便于查阅（会计凭证的装订与保管已在前面述及，这里不再累述），具体整理要求见表2－17。

表 2－17　　会计凭证整理要求

<table>
<tr><th>整理步骤</th><th colspan="3">整理要求</th></tr>
<tr><td>1</td><td colspan="3">把所有应归档的会计凭证收集齐全</td></tr>
<tr><td rowspan="2">2</td><td rowspan="2">分类（根据企业采用记账凭证种类的不同）</td><td>（1）现金收款凭证
（2）现金付款凭证
（3）银行存款收款凭证
（4）银行存款付款凭证
（5）转账凭证</td><td rowspan="2">按顺序号逐张排放好</td></tr>
<tr><td>通用记账凭证</td></tr>
<tr><td>3</td><td colspan="3">整理记账凭证的附件，剔除不属于会计档案范围和没有必要归档的一些原始资料（例如财务收支计划、草拟合同等），补充遗漏的必不可少的核算资料</td></tr>
<tr><td>4</td><td colspan="3">清除订书针、曲别针等金属物，完成装订工作</td></tr>
</table>

（二）会计账簿的整理

由于会计账簿在启用、登记过程中的规范操作，使会计账簿的整理比较简单，在年度终了结账后稍加整理，即可构成会计账簿类会计档案。会计账簿整理要求见表 2－18。

表 2－18　　会计账簿整理要求

<table>
<tr><th>整理步骤</th><th colspan="2">整理要求</th></tr>
<tr><td>1</td><td colspan="2">按照账簿的种类将各种账簿分别收集、整理齐全</td></tr>
<tr><td rowspan="4">2</td><td>订本账装订</td><td>空白页不能拆账去掉，应保持账簿本身的完整性</td></tr>
<tr><td rowspan="2">活页账装订</td><td>保留已使用过的账页，将账页数填写齐全，去除空白页和撤掉账夹，按照账簿封面、账簿启用表、账户目录、账簿封底的顺序装订成册</td></tr>
<tr><td>若账页较少，可先将保管期限相同的几种账依次排列，并统编页号，再用账内目录写明每种账的名称、页号，最后装订成册</td></tr>
<tr><td colspan="2">跨年度使用的固定资产账簿，应在使用完毕的那一个会计年度归档保管</td></tr>
<tr><td>3</td><td colspan="2">会计账簿装订后应牢固、平整，不得有折角、缺角、错页、掉页、加空白纸页等现象</td></tr>
</table>

（三）会计报表的整理

会计报表编制完成并及时报送有关部门后，留存的报表由主管人员按月装订成册谨防丢失，年度终了后，将全年会计报表由专人（一般是主管报表的人员或财会机构负责人）按时间顺序统一收集、整理，将月度、季度、年度财务报告分别装订成册，并归档保管。整理要求见表 2－19。

表 2－19　　会计报表整理要求

整理步骤	整理要求
1	将资产负债表、利润表等报表按编报目录核对是否齐全，整理报表页数
2	上边和左边对齐压平，防止折角，如有损坏部分应正确、及时地修补，保证报表的完整无缺
3	按照会计报表封面、会计报表编制说明，各种会计报表按会计报表的编号顺序、会计报表的封底顺序将会计报表装订

（四）其他会计资料的整理

企业的会计人员应对其他类会计档案认真收集、审查、核对，将年（季）度成本计划、利润计划、月度财务收支计划、经济活动分析报告、重要的经济合同等一些文字材料随同正式会计档案进行收集整理，在一个相当长时间内由财会部门保存；对于工资计算表、银行存款余额调节表、银行对账单等《会计基础工作规范》中要求的会计资料则应按要求另行整理、装订，妥善保管。

二、实务操作成果考核

（一）基本要求

实务操作结束后，要求学生上交实务操作成果，即整理形成的会计档案，见表2－20。

表2－20　　实务操作成果

序号	实务操作成果类别	实务操作成果具体内容
1	会计凭证类	装订成册的记账凭证2册
2	会计账簿类	装订成册的日记账1本
3		装订成册的三栏式明细账1本
4		装订成册的非三栏式明细账1本
5		装订成册的总账1本
6	会计报表类	装订成册的会计报表1本
7	其他类	银行对账单1张

（二）成果考核

要求学生填制完成并上交“实务操作成果考核表”（见表1－8），评定每名学生该环节的实务操作成绩。

虚开发票是会计人员不能触碰的红线

能力内容六　会计实务操作业务与原始凭证

【职业能力目标】

◇ 能够熟练地填制原始凭证

◇ 能够根据原始凭证准确地填制通用记账凭证或收款、付款、转账凭证

【实务操作要求】

◇ 启用账簿，登记库存现金日记账、银行存款日记账、各明细账和总账的期初余额（总账期初余额资料见教材第19页，明细账的期初余额资料见教材第20～24页）

◇ 根据经济业务的文字描述填制有关原始凭证

◇ 根据填制或者取得的原始凭证编制并审核记账凭证
◇ 根据审核无误的记账凭证登记各日记账和明细账
◇ 根据记账凭证编制科目汇总表
◇ 根据科目汇总表登记总账
◇ 根据总账和明细账编制会计报表
◇ 整理会计档案

一、经济业务

1. 12月1日，签发转账支票购买办公用品。增值税专用发票、公司办公用品领用表、转账支票见原始凭证2－1－1至原始凭证2－1－3。

2. 12月1日，收到本单位郑宇交来的违规罚款现金410元。收款收据见原始凭证2－2。

3. 12月1日，将收到的罚款410元送存银行（券种面值100元的4张，10元的1张）。现金存款凭条见原始凭证2－3。

小知识

◆ 开户单位现金收入应当于当日送存开户银行。

◆ 企业收到的现金要存入银行，支付的现金要从限额中支取。如果收到的现金直接用于本单位的日常支出，这就是坐支现金。《现金管理暂行条例》规定，企业一般不允许坐支现金。

4. 12月1日，收到银行汇票多余款。银行汇票多余款收账通知见原始凭证2－4。

特别提示

库存现金日记账和银行存款日记账必须每天结出余额：

每日工作结束时在日记账最后一笔业务处结出余额并标明余额方向。本实务操作12月1日共发生4笔涉及出纳岗位的经济业务，将第4笔业务即当日最后一笔业务登记入账后结出余额。其他以此类推不再提示。

5. 12月2日，签发现金支票提现170 050元，准备发放工资。现金支票见原始凭证2－5。

6. 12月2日，用现金发放工资。工资结算汇总表见原始凭证2－6（公司各部门的工资结算表略）。

7. 12月3日，签发转账支票支付职工体检费25 832元。转账支票、医疗费收据见原始凭证2－7－1、原始凭证2－7－2。

8. 12月4日，缴纳养老保险、医疗保险、失业保险、工伤保险、生育保险。税收缴款书见原始凭证2－8－1。

9. 12月4日，缴纳增值税、城市维护建设税、教育费附加。税收缴款书见原始凭证2－9－1、原始凭证2－9－2。

10. 12月5日，签发转账支票支付广告费。增值税专用发票、转账支票见原始凭证

2－10－1、原始凭证2－10－2。

11. 12月5日，职工商娟出差，用现金支付差旅费。借款单见原始凭证2－11。

相关链接

现金结算与银行转账结算

◆ 现金结算是指直接用现金进行支付结算，结清彼此之间的债权债务关系。

◆ 银行转账结算是指不使用现金，通过银行将款项从付款单位（或个人）的银行账户直接划转到收款单位（或个人）的银行账户的货币资金结算方式，这种通过银行中转的货币收付行为，又称为银行结算。

我国目前采用的银行转账结算方式有多种，主要包括支票、银行本票、银行汇票、商业汇票（即通常所说的“四票”）、托收承付、委托收款、汇兑（即通常所说的“三结算”）、信用卡（即通常所说的“一卡”）。

我国目前建立了以“四票一卡三结算”为主体的银行转账结算体系，然而从近几年银行结算实践看，各种结算方式的推广使用不够均衡，使用频繁、较快捷的结算方式有支票、银行汇票、汇兑、委托收款；使用比较多的结算方式有银行承兑汇票、信用卡；同时，因互联网的广泛发展，网上银行因其便捷、快速等特点日益受到企业的青睐，目前也已成为一种普遍采用的转账结算方式。

12. 12月6日，从沈阳食品机械有限公司购买一台不需要安装的新式和面机。增值税专用发票、货运发票、固定资产验收交接单、委托收款凭证见原始凭证2－12－1至原始凭证2－12－4。

13. 12月6日，收到销售产品的托收款。托收凭证（上月办理的托收承付业务）见原始凭证2－13。

14. 12月8日，职工商娟出差回来报销差旅费（与第2笔经济业务有关）。出差旅费报销单、借款单结算联见原始凭证2－14－1、原始凭证2－14－2。

特别提示

出差天数和出差补助的计算方法：

出差天数的计算方法：既算头、又算尾。

出差补助的计算方法：出差补助＝出差天数×每天补助标准。

15. 12月8日，发放职工生活补助。职工生活补助发放表见原始凭证2－15。

16. 12月8日，提取现金4 695元备用。现金支票见原始凭证2－16。

17. 12月8日，公司供销科王宏领取定额备用金。定额备用金申请表见原始凭证2－17。

18. 12月8日，签发转账支票向锦宁市民政局捐款。转账支票、收款收据见原始凭证2－18－1、原始凭证2－18－2。

小技巧

《支付结算办法》规定禁止企业签发空头支票，只能在银行存款的余额内签发支票。银行将对签发空头支票的企业予以退票，并按票面金额处以5%但不低于1 000元的罚款。

19. 12月10日，公司供销科周州报销差旅费。差旅费报销单见原始凭证2－19。

20. （1）12月10日，商业汇票到期，采用电划方式委托开户银行办理收款业务，银行受理。银行承兑汇票、委托收款凭证见原始凭证2－20－1、原始凭证2－20－2（此题不需作账务处理）。

对比记忆

- 企业将现金送存银行时填写现金缴款单。
- 企业将支票、银行本票、银行汇票送存银行时填写银行进账单。
- 企业将到期的商业汇票委托银行收款时填写“委托收款凭证”。

（2）12月12日，收到银行转来的委托收款凭证收账通知联，天津市远大商场的到期商业汇票款到账。委托收款凭证收账通知联见原始凭证2－20－3。

21. 12月12日，购买转账支票。业务收费单见原始凭证2－21。

22. 12月12日，向锦宁市太和超市销售钙奶饼干2 000千克，单价15元，价款30 000元，适用的增值税率为13%，价税合计33 900元。增值税专用发票、银行进账单、产成品出库单见原始凭证2－22－1至原始凭证2－22－4。

注：产成品出库单请妥善保管，期末成本计算时使用，下同。

23. 12月12日，购买中筋面粉材料已验收入库，签发转账支票支付货款。增值税专用发票、转账支票存根、材料入库单见原始凭证2－23－1至原始凭证2－23－3。

24. 12月14日，需到锦宁市面粉厂购买面粉，到银行办理金额170 000元银行汇票一张，业务委托书见原始凭证2－24－1至原始凭证2－24－3。

25. 12月14日，财务科长对库存现金进行清查，盘点现金实存数285元，账存数345元，短缺现金原因待查，库存现金盘点报告表见原始凭证2－25。

相关链接

出纳员每日业务终了，都需要对库存现金实存数进行清点，并与库存现金日记账账面余额进行核对。

26. 12月14日，向天津市运来商场销售奶油面包1 500千克，代垫运费2 000元，采用委托收款电划方式结算。增值税专用发票、转账支票存根、运费发票、委托收款凭证、产成品出库单见原始凭证2－26－1至原始凭证2－26－5。

27. 12月14日，持银行汇票到锦宁市面粉厂采购高筋面粉及中筋面粉，材料已入库。银行汇票（复印件）、增值税专用发票、材料验收入库单见原始凭证2－27－1至原始凭证2－27－4。

28. 12 月 15 日，从大连极味有限公司采购奶油，开出银行承兑汇票结算货款。增值税专用发票、货运发票、材料验收入库单、银行承兑协议、银行承兑汇票见原始凭证 2－28－1 至原始凭证 2－28－5。

29. 12 月 15 日，从营口糖业有限公司购买白糖，材料已验收入库。增值税专用发票、材料验收入库单、网上银行付款电子回单见原始凭证 2－29－1 至原始凭证 2－29－3。

30. 12 月 15 日，从锦宁市保真养鸡场采购鸡蛋，材料已验收入库，款项尚未支付。增值税专用发票、材料验收入库单见原始凭证 2－30－1、原始凭证 2－30－2。

31. 15 日，到锦宁市宏策食品有限公司购买植物油 4 200 千克，材料已验收入库，款项尚未支付。增值税专用发票、材料验收入库单见原始凭证 2－31－1、原始凭证 2－31－2。

32. （1）12 月 15 日，签发转账支票到锦宁市宏大牧业有限公司采购鲜牛奶，已入库。增值税专用发票、材料验收入库单、转账支票存根见原始凭证 2－32－1 至原始凭证 2－32－3。

（2）12 月 15 日，生产领用材料。领料单见原始凭证 2－32－4 至原始凭证 2－32－7。

特别提示

妥善保管有关原始凭证：

在会计实际工作中，领用材料时要出具领料单，领料单上只有数量没有金额，在采用加权平均法的情况下，发出材料的成本需要等到月末才能够确定，也就是说，月末时根据日常实务操作出现的领料单汇总计算材料成本［例如，本会计实务操作中，在 32（2）题、32（3）题、42（2）题、42（3）题发出材料业务的原始凭证领料单，需要用于月末计算成本］。因此进行实务操作时，有针对性地提示学生平时注意领料单的保管，不能随意丢掉，待到月末计算材料成本时需要。同理，也要妥善保管产成品入库单、产成品出库单等原始凭证。

（3）12 月 15 日，生产领用材料。领料单见原始凭证 2－32－8 至原始凭证 2－32－12。

33. （1）12 月 16 日向锦宁市太和超市销售奶油面包 4 200 千克，增值税专用发票、产成品出库单、转账支票、进账单见原始凭证 2－33－1 至原始凭证 2－33－4。

（2）12 月 16 日，完工产品入库。产成品入库单见原始凭证 2－33－5 至原始凭证 2－33－6。

34. 12 月 17 日，向锦宁市华联超市销售钙奶饼干 3 930 千克，增值税专用发票、产成品出库单、电汇收款凭证见原始凭证 2－34－1 至原始凭证 2－34－3。

35. 12 月 18 日，计提本月固定资产折旧，固定资产折旧计算表见原始凭证 2－35。

相关链接

固定资产计提折旧的具体时限

《小企业会计准则》第三十一条规定：小企业应当按月计提折旧，当月增加的固定资产，当月不计提折旧，从下月起计提折旧；当月减少的固定资产，当月仍计提折旧，从下月起不计提折旧。

固定资产折旧期的计算方法是“算尾不算头”，即包括减少固定资产的当月但不包括增加固定资产的当月。

36. 12 月 19 日，公司一台旧式和面机因事故而报废，支付的清理费用为 220 元，收回废旧材料 8 200 元已入库。固定资产报废专项说明书、清理费用发票、废旧材料验收入库单、固定资产清理结果报告单见原始凭证 2 -36 -1 至原始凭证 2 -36 -4。

对比记忆

◆ 出售、报废、毁损固定资产，通过"固定资产清理"科目核算。

◆ 盘盈、盘亏固定资产，通过"待处理财产损溢"科目核算。

37. 12 月 19 日，向营口兴盛超市销售钙奶饼干 5 780 千克，收到银行承兑汇票一张。增值税专用发票、产成品出库单、银行承兑汇票见原始凭证 2 -37 -1 至原始凭证 2 -37 -3。

38. 12 月 20 日，在固定资产清查中发现厂办公室缺少一台手提电脑，所缺少的原因待查（本题不考虑增值税），固定资产盘点表见原始凭证 2 -38。

39. 12 月 20 日，支付车间烤箱的维修费 980 元，维修费发票、转账支票存根见原始凭证 2 -39 -1、原始凭证 2 -39 -2。

40. 12 月 21 日，收到锦宁市华联超市采购奶油面包的预付款，电汇凭证见原始凭证 2 -40。

41. 12 月 21 日，从锦宁市保真养鸡场采购鸡蛋 1 000 千克，网银转账付款，未入库。增值税专用发票、网上银行付款电子回单见原始凭证 2 -41 -1、原始凭证 2 -41 -2。

42. （1）12 月 22 日，在途材料验收入库。材料验收入库单见原始凭证 2 -42 -1。

（2）12 月 22 日，生产领用材料。领料单见原始凭证 2 -42 -2、原始凭证 2 -42 -3。

（3）12 月 22 日，生产领用材料。领料单见原始凭证 2 -42 -4 至原始凭证 2 -42 -6。

43. 12 月 23 日，车间领用饼干模具 50 套，面包模具 50 套，领料单见原始凭证 2 -43。

44. 12 月 24 日，清查材料物资，发现盘亏饼干模具 5 套，单位成本 31 元，金额 155 元，进项税额为 20.15 元。盘存单、实存账存对比表见原始凭证 2 -44 -1、原始凭证 2 -44 -2。

45. 12 月 25 日，对现金短款、周转材料盘亏、固定资产盘亏进行处理。清查结果审批意见表见原始凭证 2 -45 -1 至原始凭证 2 -45 -3。

46. 12 月 26 日，收到现金 235.15 元，系出纳员的赔偿款 60 元和保管员的赔偿款 175.15 元。专用收款收据见原始凭证 2 -46 -1、原始凭证 2 -46 -2。

47. （1）12 月 26 日，向锦宁市华联超市销售奶油面包 6 500 千克，款项已于 12 月 21 日收到。增值税专用发票和产成品出库单见原始凭证 2 -47 -1、原始凭证 2 -47 -2。

（2）12 月 26 日，完工产品入库。产成品入库单见原始凭证 2 -47 -3、原始凭证 2 -47 -4。

48. 12 月 26 日，取得银行借款 10 万元，借款凭证见原始凭证 2 -48。

49. 12 月 27 日，将 12 月 19 日营口兴盛超市签发的银行承兑汇票办理贴现，面值 97 971元，不附追索权。银行承兑汇票复印件、贴现凭证见原始凭证 2 -49 -1、原始凭证 2 -49 -2。

50. 12 月 27 日，向沈阳市广和商厦销售奶油面包 12 000 千克，款项尚未收到。增值税专用发票、产成品出库单见原始凭证 2 -50 -1、原始凭证 2 -50 -2。

51. 12 月 27 日，向天津市运来商场销售钙奶饼干 4 000 千克，采用现金折扣方式销售产品，折扣金额不包括增值税。在销售合同中规定的现金折扣条件为“2/10，1/20，n/30”。增值税专用发票、产成品出库单见原始凭证 2－51－1、原始凭证 2－51－2。

特别提示

现金折扣

现金折扣通常发生在小企业以赊销方式销售商品中。为了简化核算，便于小企业实务操作，《小企业会计准则》规定，小企业销售商品涉及的现金折扣，在销售发生时按照销售价款直接确定销售金额，而不需要对现金折扣进行扣除。

52. 12 月 28 日，向锦宁市太和超市销售奶油面包 9 000 千克，单价 18 元，采用商业折扣方式销售产品，折扣比例 2%。增值税专用发票、产成品出库单、银行本票、银行进账单见原始凭证 2－52－1 至原始凭证 2－52－4。

相关链接

商业折扣

应当按照扣除商业折扣后的金额确定产品销售收入金额。本题商业折扣后单价＝17.64 元（18－18×2%）。

对比记忆

商业折扣与现金折扣的区别

◆ 商业折扣是在确定所售商品价款之前已存在的因素。
◆ 现金折扣是在确定所售商品价款之后在结算过程中出现的因素。

53. 12 月 29 日，收到天津市运来商场的销售款（与第 51 笔业务的现金折扣有关）。电汇凭证见原始凭证 2－53。

特别提示

销售方实际发生现金折扣的处理

小企业销售产品实际发生现金折扣时，将所授予购买方的现金折扣金额计入财务费用。现金折扣金额＝60 000×2%＝1 200（元），实际收到款项 66 600 元（67 800－1 200）。

54. 12 月 29 日，向天津市运来商场销售钙奶饼干 4 200 千克，增值税专用发票、产成品出库单、网上银行收款电子回单见原始凭证 2－54－1 至原始凭证 2－54－3。

55. 12 月 29 日，签发转账支票支付本公司负担的销售奶油面包的运输费 1 090 元。运费发票、转账支票存根见原始凭证 2－55－1、原始凭证 2－55－2。

56. 12 月 30 日，向锦宁市太和超市销售的奶油面包因质量问题被退回，退回的产品已入库，经税务机关批准开具红字增值税专用发票，并签发转账支票一张以退回货款及税款。增值税专用发票“发票联”和“抵扣联”、开具红字增值税专用发票通知单、红字增值税专用发票、转账支票存根、产成品入库单见原始凭证 2－56－1 至原始凭证 2－56－6（与第 33 笔业务相关）。

相关链接

销售退回

销售退回实际上是销售失败的体现。

销售退回的会计处理原则：对于已确认销售商品收入的售出商品发生销售退回的，无论此销售业务是发生在本年度还是以前年度，小企业均应当在该笔退货实际发生时冲减退货当月的商品销售收入。

57. 12 月 31 日，收到银行存款利息。银行利息业务回单见原始凭证 2－57。

58. 12 月 31 日，支付本月借款利息 400 元。编制记账凭证时，误将 400 元写成 4 000 元，已经登记入账，登账后发现错误并予以更正。短期借款利息计算表、银行利息业务回单见原始凭证 2－58－1、原始凭证 2－58－2。

59. 12 月 31 日，从天津市腾达汽车销售有限公司购入生产用运输汽车一辆，款项签发银行承兑汇票支付，增值税专用发票、固定资产验收交接单、银行承兑协议、银行承兑汇票见原始凭证 2－59－1 至原始凭证 2－59－4。

60. 12 月 31 日，根据领料单分配材料费用。材料费用分配表见原始凭证 2－60－1，领料单见原始凭证 2－32－4 至原始凭证 2－32－12、原始凭证 2－42－2 至原始凭证 2－42－6。

相关链接

确定发出存货成本允许使用的方法

小企业可以用于发出存货成本的方法有四种：先进先出法、月末一次加权平均法、移动加权平均法和个别计价法。

月末一次加权平均法计算公式：

- 存货单位成本 =（月初库存存货金额 + 本月各批收入存货的金额）÷（月初库存存货的数量 + 本月各批进货数量）
- 本月发出存货的成本 = 本月发出存货的数量 × 存货单位成本
- 本月月末结存存货成本 = 本月库存存货的数量 × 存货单位成本

或

- 本月月末结存存货成本 = 月末库存存货的实际成本 + 本月收入存货的实际成本 − 本月发出存货的实际成本

61. 12 月 31 日，按生产工时分配工资费用。工资费用分配表见原始凭证 2－61－1。

62. 12 月 31 日，按本月应付职工薪酬的 14% 计提职工福利费。职工福利费计算表见原始凭证 2－62。

63. 12 月 31 日，计算并结转应由企业负担的养老保险费、医疗保险费、失业保险费、工伤保险费和生育保险费。养老保险、医疗保险、失业保险、工伤保险、生育保险汇总计算单见原始凭证2－63。

64. 12月31日，支付本月电费14 115.96元。增值税专用发票、委托收款凭证、电费分配表见原始凭证2－64－1至原始凭证2－64－3。

65. 12月31日，支付本月水费1 667.70元。增值税专用发票、委托收款凭证、水费分配表见原始凭证2－65－1至原始凭证2－65－3。

66. 12月31日，结转本月发生的制造费用（按照各种产品生产工人工时数的比例分配制造费用）。制造费用分配表见原始凭证2－66。

相关链接

分配制造费用

按照各种产品的生产工人工时数的比例分配制造费用。

计算公式：

- $\text{某种产品应负担的制造费用}=\dfrac{\text{制造费用总额}}{\text{车间生产工人工时总数}}\times\text{某种产品的生产工人工时数}$

67. 12月31日，计算并结转本月完工钙奶饼干成本，期末没有在产品，本期生产的钙奶饼干全部完工入库。成本计算单见原始凭证2－67，产成品入库单见原始凭证2－33－5、原始凭证2－47－3。

特别提示

本月完工产品数量的确定：

原始凭证2－33－5、原始凭证2－47－3表明，本月完工入库钙奶饼干18 000千克（11 000＋7 000）。

原始凭证2－33－6、原始凭证2－47－4表明，本月完工入库奶油面包27 200千克（17 000＋10 200）。

68. 12月31日，计算并结转本月完工的奶油面包的成本，期末没有在产品，本月生产的奶油面包全部完工入库。成本计算单见原始凭证2－68，产成品入库单见原始凭证2－33－6、原始凭证2－47－4。

69. 12月31日，结转销售的钙奶饼干、奶油面包的成本。产品销售成本计算表见原始凭证2－69，产成品出库单见原始凭证2－22－2、原始凭证2－26－5、原始凭证2－33－2、原始凭证2－34－2、原始凭证2－37－2、原始凭证2－47－2、原始凭证2－50－2、原始凭证2－51－2、原始凭证2－52－2、原始凭证2－54－2和原始凭证2－56－6。

70. 12月31日，计算本月应缴纳的增值税、城市维护建设税、教育费附加，计提比例为7%和3%。增值税计算表、城市维护建设税及教育费附加计算表见原始凭证2－70－1、原始凭证2－70－2。

71. 计提本月无形资产摊销额，全部记入管理费用。无形资产摊销表见原始凭证2－71。

72. 12月31日，公司供销科王宏归还备用金，收款收据见原始凭证2－72。

73. 12 月 31 日，将各损益类账户发生额结转到本年利润。损益类账户发生额表见原始凭证 2－73。

74. 12 月 31 日，计算本月应交所得税。企业所得税计算表见原始凭证 2－74。

75. 12 月 31 日，将本月的所得税费用转入本年利润。

76. 12 月 31 日，将全年实现的净利润自“本年利润”科目转入“利润分配——未分配利润”科目。

77. 12 月 31 日，按全年净利润的 10% 提取法定盈余公积，5% 提取任意盈余公积。盈余公积计提表见原始凭证 2－75。

78. 12 月 31 日，将利润分配科目下的其他明细科目余额转入“利润分配——未分配利润”科目。

二、原始凭证

原始凭证 2－1－1

2100184130　　辽宁增值税专用发票　　No 25850053

发票联　　开票日期：2023年 12月1 日

购买方	名　　称：雅布利食品有限公司 纳税人识别号：912107031109195736 地址、电话：锦宁市中央大街3段2号 4157809 开户行及账号：工商银行解放路支行 2369874				密码区	（略）	
货物或应税劳务、服务名称	规格型号	单位	数量	单价	金额	税率	税额
文件夹		个	50	10.00	500.00	13%	65.00
中性笔		盒	8	10	80.00	13%	10.40
合　　计					￥580.00		￥75.40
价税合计（大写）	⊗陆佰伍拾伍元肆角整				（小写）￥655.40		
销售方	名　　称：锦宁市办公用品专营店 纳税人识别号：912107003109195479 地址、电话：锦宁市通化大街5段12号 2478941 开户行及账号：工商银行上海路支行 4325671				备注	锦宁市办公用品专营店 912107003109195479 发票专用章	

收款人：王丹　　复核：王丹　　开票人：张立　　销售方：（章）

第三联：发票联　购买方记账凭证

原始凭证 2－1－2

雅布利食品有限公司办公用品领用表

2023 年 12 月 1 日　　单位：元

办公用品名称	领用单位	领用数量	单价	金额
中性笔	办公室	50	10	500.00
文件夹	办公室	8	10	80.00
合计				580.00

原始凭证 2－1－3

<table>
<tr><td rowspan="8">中国工商银行
转账支票存根
10202120
00000248
附加信息

出票日期　年　月　日
收款人：

金额：
用途：
单位主管　会计</td><td colspan="3">中国工商银行 转账支票　　10202120
00000248</td></tr>
<tr><td rowspan="7">付款期限自出票之日起十天</td><td>出票日期（大写）　年　月　日</td><td>付款行名称：</td></tr>
<tr><td>收款人：</td><td>出票人账号：</td></tr>
<tr><td>人民币（大写）</td><td>亿｜千｜百｜十｜万｜千｜百｜十｜元｜角｜分</td></tr>
<tr><td>用途</td><td>密码</td></tr>
<tr><td>上列款项请从</td><td>行号</td></tr>
<tr><td>我账户内支付</td><td></td></tr>
<tr><td>出票人签章</td><td>复核　记账</td></tr>
</table>

原始凭证 2－2

收 款 收 据

NO:00288256

收款日期　年　月　日

<table>
<tr><td>付款单位（交款人）</td><td></td><td>收款单位（收款人）</td><td colspan="8"></td><td colspan="2">收款项目</td><td></td><td rowspan="6">第二联 收款单位记账凭证</td></tr>
<tr><td rowspan="2">人民币（大写）</td><td colspan="2" rowspan="2"></td><td>千</td><td>百</td><td>十</td><td>万</td><td>千</td><td>百</td><td>十</td><td>元</td><td>角</td><td>分</td><td>结算方式</td></tr>
<tr><td></td><td></td><td></td><td></td><td></td><td></td><td></td><td></td><td></td><td></td><td></td></tr>
<tr><td rowspan="2">收款事由</td><td colspan="2" rowspan="2"></td><td rowspan="2">经办</td><td colspan="3">部门</td><td colspan="6"></td></tr>
<tr><td colspan="3">人员</td><td colspan="6"></td></tr>
<tr><td colspan="3" rowspan="2">上述款项照数收讫无误。
收款单位财务专用章：
（领款人签章）</td><td colspan="2">会计主管</td><td colspan="3">稽核</td><td colspan="4">出纳</td><td>交款人</td></tr>
<tr><td colspan="2"></td><td colspan="3"></td><td colspan="4"></td><td></td></tr>
</table>

使用范围及规定：（1）本收据只能用于单位内部和单位与单位、单位与个人之间的非经营性经济往来，不得代替发票、行政事业性收费等政府非税收入收据和罚没收据。（2）结算方式按现金结算、银行结算和转账结算等方式分别填列。（3）作废时，应加盖作废戳记，并同存根一起保存，不得自行销毁。

原始凭证 2－3

中国工商银行　　　　现金存款凭条

日期：　　年　　月　　日

存款人	全　称			
	账　号		款项来源	
	开户行		交款人	
金额（大写）			金额（小写）	亿 千 百 十 万 千 百 十 元 角 分

票面	张数	十	万	千	百	十	元	票面	张数	千	百	十	元	角	分	备注
壹佰元								伍角								
伍拾元								贰角								
贰拾元								壹角								
拾元								伍分								
伍元								贰分								
贰元								壹分								
壹元								其他								

第二联　客户核对联

原始凭证 2－4

中国工商银行

银行汇票（多余款收账通知）4　　10202140　00000045

出票日期（大写）：贰零贰叁年壹拾壹月零壹日	代理付款行：工商银行凌河支行	行号：
收款人：鞍山华泰商场		
出票金额　人民币（大写）叁万元整		
实际结算金额　人民币（大写）贰万元整		¥20000.00
申请人：雅布利食品有限公司	账号：2369874	
出票行：工商银行解放路支行　行号：	密押：	
备注：购货款	多余金额 ¥10000.00	左列退回多余金额已收入你账户内。
凭票付款 出票行签章		（印章：中国工商银行股份有限公司……解放路支行 2023.12.1 核算用章）

实际结算金额（小写）：

亿	千	百	十	万	千	百	十	元	角	分
			¥	2	0	0	0	0	0	0

多余金额：

千	百	十	万	千	百	十	元	角	分
		¥	1	0	0	0	0	0	0

提示付款期限自出票之日起壹个月

此联出票行结清多余款后交申请人

原始凭证 2－5

中国工商银行
现金支票存根
10202110
00000145
附加信息

出票日期　　年　　月　　日
收款人：
金额：
用途：
单位主管　　会计

中国工商银行 现金支票　　10202110 00000145

出票日期（大写）　　年　　月　　日　付款行名称：
收款人：　　出票人账号：

付款期限自出票之日起十天

人民币（大写）		亿	千	百	十	万	千	百	十	元	角	分

用途　　密码

上列款项请从
我账户内支付
出票人签章　　复核　　记账

原始凭证 2－6

工资结算汇总表

单位：雅布利食品有限公司　　2023 年 12 月 2 日　　单位：元

项目	人数	应发工资					代扣项目					实发工资
		基本工资	岗位津贴	月奖	技术津贴	小计	养老保险	医疗保险	失业保险	个人所得税	小计	
生产产品工人	85	42 000	68 100	8 900	36 000	155 000	12 400	3 100	775		16 275	138 725
车间管理人员	5	4 300	2 680	1 220	6 800	15 000	1 200	300	75		1 575	13 425
行政管理人员	10	7 860	7 140	3 600	1 400	20 000	1 600	400	100		2 100	17 900
合计	100	54 160	77 920	13 720	44 200	190 000	15 200	3 800	950		19 950	170 050

原始凭证 2 –7 –1

中国工商银行
转账支票存根
10202120
00000244
附加信息

出票日期　　年　　月　　日
收款人：
金额：
用途：
单位主管　　　会计

中国工商银行 转账支票　　　　10202120
00000244

出票日期（大写）　　年　　月　　日　付款行名称：
收款人：　　　　　　　　　　　　　　出票人账号：

付款期限自出票之日起十天

人民币（大写）		亿	千	百	十	万	千	百	十	元	角	分

用途＿＿＿＿＿＿　　密码＿＿＿＿＿＿
上列款项请从　　　　行号＿＿＿＿＿＿
我账户内支付
出票人签章　　　　　复核　　　记账

原始凭证 2 –7 –2

辽宁省医疗门诊收费票据

（印章：辽宁省 财政票据监制章 财政部监制）

业务流水号：6861984　　医疗机构类型：锦宁市中心医院门诊收费票据　　14821675128

姓名：雅布利食品有限公　性别：　　医保类型：自费　　社会保障号码：

项目/规格	数量	金额	个人支付金额	项目/规格	数量	金额	个人支付金额
体检费	1	24 800.00					
中成药费							
化验费	1	210.00					
其他费	1	822.00					

合计（大写）：贰万伍仟捌佰叁拾贰元整　　25 832.00

（印章：锦宁市中心医院 2023.12.03 转账收讫）

医保统筹支付：　　个人账户支付：　　其他医保支付：　　个人支付金额：

收款单位（章）　　　收款人（签章）　　　2023年12月3日

第一联 收据联 盖章有效

原始凭证 2 –8

中国工商银行电子缴税付款凭证

缴税日期：2023年12月4日　　凭证字号：201909047930850

纳税人全称及纳税人识别号：雅布利食品有限公司 912107031109195736

付款人全称：雅布利食品有限公司

付款人账号：2369874　　征收机关名称：国家税务总局和平区税务局

付款人开户行：工商银行解放路支行　　收款国库（银行）名称：国家金库锦宁市和平支库

小写（合计）金额：67 260.00　　缴款书交易流水号：478456432

大写（合计）金额：陆万柒仟贰佰陆拾元整　　税票号码：645789342

税（费）种名称	所属日期	实缴金额（单位：元）
基本养老保险费	20231101—20231130	30 400.00
基本养老保险费	20231101—20231130	15 200.00
基本医疗保险费	20231101—20231130	13 300.00
基本医疗保险费	20231101—20231130	3 800.00
失业保险费	20231101—20231130	950.00
失业保险费	20231101—20231130	950.00
工伤保险费	20231101—20231130	1 710.00
生育保险费	20231101—20231130	950.00

中国工商银行股份有限公司锦宁解放路支行 业务专用章

客户回单联　　验证码：8C4F508772W883　　复核：　　记账：

原始凭证 2 –9 –1

中国工商银行电子缴税付款凭证

缴税日期：2023年12月4日　　凭证字号：201909047930851

纳税人全称及纳税人识别号：雅布利食品有限公司 912107031109195736

付款人全称：雅布利食品有限公司

付款人账号：2369874　　征收机关名称：国家税务总局和平区税务局

付款人开户行：工商银行解放路支行　　收款国库（银行）名称：国家金库锦宁市和平支库

小写（合计）金额：45 000.00　　缴款书交易流水号：3154954

大写（合计）金额：肆万伍仟元整　　税票号码：2457894

税（费）种名称	所属日期	实缴金额（单位：元）
增值税	20231101—20231130	45 000.00

中国工商银行股份有限公司锦宁解放路支行 业务专用章

客户回单联　　验证码：6C4F508772B784　　复核：　　记账：

原始凭证 2－9－2

中国工商银行电子缴税付款凭证

缴税日期：2023年12月4日　　　　凭证字号：20190904793085l

纳税人全称及纳税人识别号：雅布利食品有限公司 912107031109195736		
付款人全称：雅布利食品有限公司		
付款人账号：2369874	征收机关名称：国家税务总局和平区税务局	
付款人开户行：工商银行解放路支行	收款国库（银行）名称：国家金库锦宁市和平支库	
小写（合计）金额：4500.00	缴款书交易流水号：3154998	
大写（合计）金额：肆仟伍佰元整	税票号码：2457893	
税（费）种名称	所属日期	实缴金额（单位：元）
教育费附加	20231101—20231130	1350.00
城市维护建设税	20231101—20231130	3150.00

（印章：中国工商银行股份有限公司锦宁解放路支行 业务专用章）

客户回单联　　验证码：6C4F508772B006　　复核：　　记账：

原始凭证 2－10－1

3100184133　　辽宁增值税专用发票　　No 34850054

（印章：全国统一发票监制章 辽宁 国家税务总局监制）

发票联　　开票日期：2023年12月5日

购买方	名称：雅布利食品有限公司 纳税人识别号：912107031109195736 地址、电话：锦宁市中央大街3段2号 4157809 开户行及账号：工商银行解放路支行 2369874			密码区	（略）		
货物或应税劳务、服务名称	规格型号	单位	数量	单价	金额	税率	税额
广告费		项	1	1300.00	1300.00	6%	78.00
合计					¥1300.00		¥78.00
价税合计（大写）	⊗壹仟叁佰柒拾捌元整				（小写）¥1378.00		
销售方	名称：飞天广告公司 纳税人识别号：912107003109124789 地址、电话：锦宁市通化大街7段126号 2478456 开户行及账号：工商银行通化支行 2835938			备注	（印章：飞天广告公司 912107003109124789 发票专用章）		

收款人：王丹霓　　复核：王红　　开票人：张丽　　销售方：（章）

第三联：发票联　购买方记账凭证

原始凭证 2－10－2

中国工商银行 转账支票存根 10202120 00000246	中国工商银行 转账支票	10202120 00000246
附加信息	出票日期（大写） 年 月 日	付款行名称：
	收款人：	出票人账号：
	人民币（大写）	亿 千 百 十 万 千 百 十 元 角 分
出票日期 年 月 日	用途	密码
收款人：	上列款项请从 我账户内支付	行号
金额：	出票人签章	复核 记账
用途：		
单位主管 会计	付款期限自出票之日起十天	

原始凭证 2－11

借　款　单（记账）

2023年12月5日　　　　顺序第 1 号

借款单位	* 办公室	姓名	* 商娟	级别	※	出差地点	* 上海
						天　数	* 3
事由	开会	借款金额（大写）	* 人民币叁仟元整			¥3 000.00	
部门负责人签署	同意 李丹	借款人签章	商娟	注意事项	一、有*者由借款人填写 二、凡借用公款必须使用本单 三、第三联为正式借据由借款人和单位负责人签章 四、出差返回在三天内结算		
单位负责人签署	同意 刘伟	审核意见	同意 赵兴权				

第三联 借款记账凭证

原始凭证 2－12－1

4134544133　　辽宁增值税专用发票

全国统一发票监制章 辽宁 国家税务总局监制

发票联

No 53850021

开票日期：2023年 12月6日

购买方	名　　称：雅布利食品有限公司 纳税人识别号：912107031109195736 地址、电话：锦宁市中央大街3段2号 4157809 开户行及账号：工商银行解放路支行2369874	密码区	（略）

货物或应税劳务、服务名称	规格型号	单位	数量	单价	金额	税率	税额
新式和面机		台	1	70000.00	70000.00	13%	9100.00
合　　计					¥70000.00		¥9100.00
价税合计（大写）	⊗柒万玖仟壹佰元整				（小写）¥79100.00		

销售方	名　　称：沈阳食品机械有限公司 纳税人识别号：912107063211077312 地址、电话：沈阳市洛阳路5段12号 5478954 开户行及账号：工商银行洛阳路支行4544844	备注	沈阳食品机械有限公司 912107063211077312 发票专用章

收款人：王丹　　复核：王丹　　开票人：张立　　销售方：（章）

第三联：发票联　购买方记账凭证

原始凭证 2－12－2

5434544166　　辽宁增值税专用发票

全国统一发票监制章 辽宁 国家税务总局监制

发票联

No 35850011

开票日期：2023年 12月6日

购买方	名　　称：雅布利食品有限公司 纳税人识别号：912107031109195736 地址、电话：锦宁市中央大街3段2号 4157809 开户行及账号：工商银行解放路支行2369874	密码区	（略）

货物或应税劳务、服务名称	规格型号	单位	数量	单价	金额	税率	税额
运费		项	1	2000.00	2000.00	9%	180.00
合　　计					¥2000.00		¥180.00
价税合计（大写）	⊗贰仟壹佰捌拾元整				（小写）¥2180.00		

销售方	名　　称：沈阳市顺丰运输公司 纳税人识别号：912107024512652231 地址、电话：沈阳市和平区3—34号 开户行及账号：工商银行和平区支行835938	备注	沈阳市顺丰运输公司 912107024512652231 发票专用章

收款人：王丽丽　　复核：王丽丽　　开票人：王涛　　销售方：（章）

原始凭证 2－12－3

ICBC 中国工商银行 托收凭证（付账通知）5

委托日期 2023 年 12 月 6 日

业务类型	委托收款（□邮划、□电划）		托收承付（□邮划、☑电划）			
付款人	全称	雅布利食品有限公司	收款人	全称	沈阳食品机械有限公司	
	账号	2369874		账号	6578431	
	地址	辽宁省 锦宁 市/县 开户行 工商银行解放路支行		地址	辽宁省 沈阳 市/县	开户行 工商银行永丰支行
金额	人民币（大写）	捌万壹仟贰佰捌拾元整			亿千百十万千百十元角分	¥ 8 1 2 8 0 0 0
款项内容	货款	托收凭证名称	发票		附寄单证张数	3
商品发运情况	商品已发运			合同名称号码		

备注：

付款人开户银行收到日期：　　年　　月　　日

复核：　　记账：

收款人开户银行签章　　年　　月　　日

（印章：中国工商银行股份有限公司锦宁解放路支行 2023.12.6 核算用章）

付款人注意：

1. 根据支付结算办法，上列委托收款（托收承付）款项在付款期限内未提出拒付，即视为同意付款，以此代付款通知。
2. 如需提出全部或部分拒付，应在规定期限内，将拒付理由书并附债务证明退交开户银行。

此联付款人开户银行给付款人作付款通知

原始凭证 2－12－4

固定资产验收交接单

2023 年 12 月 6 日　　单位：元

资产编号	资产名称	计量单位	发票价格	其他费用	合　计
2001	新式和面机	台	70 000.00	2 000.00	72 000.00

资产来源	外购	使用年限（年）	10 年	附属设备	
制造厂家	沈阳食品机械有限公司	预计净残值率	5%		
制造日期及编号	2023 年 6 月	年折旧率	9.50%		
使用部门	生产车间	系　数			

财务留存

交验部门主管 周月　　设备科 郑林　　接管部门主管 张伟

原始凭证 2－13

ICBC 中国工商银行 托收凭证（收账通知）4

委托日期 2023 年 12 月 6 日

<table>
<tr><td>业务类型</td><td colspan="9">委托收款（☐邮划、☐电划）　　托收承付（☐邮划、☑电划）</td></tr>
<tr><td rowspan="3">付款人</td><td>全称</td><td colspan="3">营口利达超市</td><td rowspan="3">收款人</td><td>全称</td><td colspan="3">雅布利食品有限公司</td></tr>
<tr><td>账号</td><td colspan="3">3388293</td><td>账号</td><td colspan="3">2369874</td></tr>
<tr><td>地址</td><td>辽宁省 营口 市</td><td>开户行</td><td>工商银行红发支行</td><td>地址</td><td>辽宁省 锦宁 市</td><td>开户行</td><td>工商银行解放路支行</td></tr>
<tr><td>金额</td><td>人民币（大写）</td><td colspan="5">肆万柒仟捌佰元整</td><td colspan="3">亿 千 百 十 万 千 百 十 元 角 分
¥ 4 7 8 0 0 0 0</td></tr>
<tr><td colspan="2">款项内容</td><td>货款</td><td>托收凭证名称</td><td colspan="3">增值税专用发票、货运发票</td><td>附寄单证张数</td><td colspan="2">3</td></tr>
<tr><td colspan="2">商品发运情况</td><td colspan="4">商品已发出</td><td colspan="2">合同名称号码</td><td colspan="2"></td></tr>
<tr><td colspan="3">备注：

复核：　　记账：</td><td colspan="4">款项收妥日期
中国工商银行股份有限公司锦宁解放路支行
2023.12.6
核算用章
年 月 日</td><td colspan="3">收款人开户银行签章

年 月 日</td></tr>
</table>

此联作收款人开户银行给收款人的收账通知

原始凭证 2－14－1

辽财会账证50号

差旅费报销单

单位：办公室　　　　2023年 12月 8 日填

月	日	时间	出发地	月	日	时间	到达地	机票费	车（船）费	卧铺费	行车补助 小时	行车补助 金额	市内交通费 实支	市内交通费 包干	住宿费 标准	住宿费 实支	住宿费 提成扣减	出差补助 天数	出差补助 金额	其他	合计
12	1	8	锦宁	12	1	18	上海		460					35		1 200		3	540		2 235
12	7	3	上海	12	7	13	锦宁		460												460
合计									920					35		1 200			540		2 695

出差任务	开会	报销金额（大写） 人民币：贰仟陆佰玖拾伍元零角零分	预借金额 3 000
		单位领导 刘伟　部门负责人 李丹　出差人 高娟	报销金额 2 695
			结余或超支 305

会计主管人员 赵兴权　　记账 王莉　　审核 赵兴权　　附单据 19 张

原始凭证 2－14－2

借　　款　　单（结算）

2023 年 12 月 1 日　　　　　　　　　　顺序第 3 号

<table>
<tr><td rowspan="2">借款单位</td><td rowspan="2">*办公室</td><td rowspan="2">姓名</td><td rowspan="2">*高娟</td><td rowspan="2">级别</td><td rowspan="2">*</td><td>出差地点</td><td>*上海</td></tr>
<tr><td>天　　数</td><td>*3</td></tr>
<tr><td>事由</td><td colspan="2">开会</td><td>借款金额（大写）</td><td colspan="4">*人民币叁仟元整　　　　¥3 000.00</td></tr>
<tr><td rowspan="2">实际报销金额</td><td rowspan="2">¥2 695.00</td><td>结余金额</td><td colspan="2">¥305.00</td><td rowspan="2">注意事项</td><td colspan="2" rowspan="2">一、有*者由借款人填写
二、凡借用公款必须使用本单
三、第三联为正式借据由借款人和单位负责人签章
四、出差返回在三天内结算</td></tr>
<tr><td>超支金额</td><td colspan="2">¥</td></tr>
<tr><td colspan="3">收款单位
公　　章</td><td colspan="5">（原借款已报销结算完了并已收账）
报销日期 2023 年 12 月 8 日</td></tr>
</table>

第二联 报销记账凭证

原始凭证 2－15

雅布利食品有限公司职工生活补助发放表

2023 年 12 月 8 日　　　　　　　　　　单位：元

职工姓名	金额	签字	备注
王丽	500	王丽	
张丹	500	张丹	
刘岚	500	刘岚	
孙一	500	孙一	
合计	2 000		

因上述四名职工家庭生活困难，经单位研究决定，每人发放 500 元现金补助，共计人民币贰仟元整。

刘伟　2023 年 12 月 8 日

原始凭证 2－16

中国工商银行
现金支票存根
10202110
00000146
附加信息

出票日期　年　月　日
收款人：
金额：
用途：
单位主管　会计

中国工商银行 现金支票　10202110 00000146

出票日期（大写）　年　月　日　付款行名称：
收款人：　出票人账号：

付款期限自出票之日起十天

人民币（大写）		亿	千	百	十	万	千	百	十	元	角	分

用途　　密码

上列款项请从
我账户内支付
出票人签章　复核　记账

原始凭证 2－17

定额备用金申请表

单位：元

申请部门	供销科	人民币（大写）	贰仟伍佰元整　￥2 500.00
申请理由及用途	差旅费		
备用金保管人	王宏	保管方式	现金
申请部门负责人	同意 周涛		
审批：同意 赵兴权 2023年12月8日		入账：刘莎莎 2023年12月8日	

原始凭证 2－18－1

中国工商银行 转账支票存根 10202120 00000247	中国工商银行 转账支票	10202120 00000247
附加信息	出票日期（大写） 年 月 日	付款行名称：
	收款人：	出票人账号：
	人民币（大写）	亿 千 百 十 万 千 百 十 元 角 分
出票日期 年 月 日	付款期限自出票之日起十天　用途	密码
收款人：	上列款项请从	行号
金额：	我账户内支付	
用途：	出票人签章	复核 记账
单位主管 会计		

原始凭证 2－18－2

辽宁省非税收入统一收据（电子）

票据代码：21010123　　票据号码：770030876

交款人统一社会信用代码：912107031109195736　　校验码：SFbv6g

交款人：雅布利食品有限公司　　开票日期：2023-12-08

项目编码	项目名称	单位	数量	标准	金额（元）	备注
4278806	捐赠款	元	1	1 600.00	1 600.00	
金额合计（大写）壹仟陆佰元整				（小写）¥1 600.00		
其他信息				票据网址地址：http://218.60.151.85:1800/billchec		

收款单位（章）：锦宁市民政局　　复核人：　　收款人：

原始凭证 2－19

辽财会账证50号

差旅费报销单

单位：供销科　　　　　　　　　　　　　　　　2023年 12月 10日填

月	日	时间	出发地	月	日	时间	到达地	机票费	车(船)费	卧铺费	行车补助		市内交通费		住宿费			出差补助		其他	合计
											小时	金额	实支	包干	标准	实支	提成扣减	天数	金额		
12	8	13	锦宁	12	8	17	沈阳		130					50		1 305		3	540		2 025
12	10	8	沈阳	12	10	10	锦宁		130												130
合计									260					50		1 305			540		2 155

出差任务	开会	报销金额（大写）	人民币：贰仟壹佰伍拾伍元零角零分	预借金额	
		单位领导 刘伟	部门负责人 周涛　出差人 周州	报销金额	2 155
				结余或超支	

会计主管人员 赵兴权　　记账 王莉　　审核 赵兴权　　附单据8张

原始凭证 2－20－1

银行承兑汇票

2　　　　10202150　76500345

出票日期（大写） 贰零贰叁 年 玖 月 零壹拾 日

出票人全称	天津市远大商场	收款人	全　称	雅布利食品有限公司
出票人账号	3920896		账　号	2369874
付款行全称	工商银行金华支行		开户银行	工商银行解放路支行

出票金额	人民币（大写） 叁万伍仟壹佰元整	亿	千	百	十	万	千	百	十	元	角	分
					¥	3	5	1	0	0	0	0

汇票到期日（大写）	贰零贰叁年壹拾贰月零壹拾日	付款行	行　号	
承兑协议编号			地　址	

本汇票请你行承兑，到期无条件付款。

（印章：天津市远大商场 财务专用章）（印章：李想 印）

出票人签章

本汇票已经承兑，到期日由本行付款。

（印章：中国工商银行股份有限公司锦宁 汇票专用章）（印章：刘维 印）

承兑行盖章

承兑日期 2023 年 12 月 10 日

备注：

复核：　　记账：

此联收款人开户行随托收凭证寄付款行作借方凭证附件

原始凭证 2－20－2

ICBC 中国工商银行 托收凭证（受理回单）1

委托日期　　年　　月　　日

业务类型	委托收款（□邮划、□电划）			托收承付（□邮划、□电划）			
付款人	全称			收款人	全称		
	账号				账号		
	地址	省　市/县	开户行		地址	省　市/县	开户行
金额	人民币（大写）				亿 千 百 十 万 千 百 十 元 角 分		
款项内容		托收凭证名称			附寄单证张数		
商品发运情况				合同名称号码			
备注： 复核：　记账：		款项收妥日期 年　月　日			收款人开户银行签章 年　月　日		

此联作收款人开户银行给收款人的受理回单

原始凭证 2－20－3

ICBC 中国工商银行 托收凭证（收账通知）4

委托日期 2023 年 12 月 10 日

业务类型	委托收款（□邮划、☑电划）			托收承付（□邮划、□电划）			
付款人	全称	天津市远大商场		收款人	全称	雅布利食品有限公司	
	账号	3920896			账号	2369874	
	地址	天津 市	开户行：工商银行金华支行		地址	辽宁省 锦宁 市	开户行：工商银行解放路支行
金额	人民币（大写）	叁万伍仟壹佰元整			亿 千 百 十 万 千 百 十 元 角 分	¥ 3 5 1 0 0 0 0	
款项内容	货款	托收凭证名称	银行承兑汇票		附寄单证张数	1	
商品发运情况				合同名称号码			
备注： 复核：　记账：		款项收妥日期 2023 年 12 月 12 日			收款人开户银行签章 （印章：中国工商银行股份有限公司锦宁解放路支行 2023.12.12 核算用章） 年　月　日		

此联作收款人开户银行给收款人的收账通知

原始凭证 2－21

ICBC 中国工商银行

收费 凭证

2023 年 12 月 12 日

工本费付费户名：雅布利食品有限公司

工本费付费账号：2369874

手续费付费户名：

手续费付费账号： 使用凭证账号：

服务项目（凭证种类）	凭证号码段1：	凭证号码段2：	凭证号码段3：	工本费：	手续费：	金额小计：
转账支票	02165-55131545491			30.00	0.00	30.00

金额合计（大写）：人民币叁拾元整

金额合计（小写）：RMB30.00

地区号：00708 网点号：02003 操作柜员：02345 授权柜员： 交易时间： 记账：03564

原始凭证 2－22－1

2100184195 辽宁增值税专用发票 No 25850053

此联不作报销、扣税凭证使用 开票日期： 年 月 日

购买方	名 称： 纳税人识别号： 地 址、电 话： 开户行及账号：				密码区	（略）	
货物或应税劳务、服务名称	规格型号	单位	数量	单价	金额	税率	税额
合 计							
价税合计（大写）					（小写）		
销售方	名 称： 纳税人识别号： 地 址、电 话： 开户行及账号：				备注		

第一联：记账联 销售方记账凭证

收款人： 复核： 开票人： 销售方：（章）

原始凭证 2－22－2

产成品出库单

2023 年 12 月 12 日

提货单位：锦宁市太和超市　　　　编号：L205

用途：销售　　　　仓库：1 号库

名　称	规　格	单　位	数　量	单位成本	金　额	备注
钙奶饼干		千克	2 000			
合　计			2 000			

②会计记账

仓库负责人：李响　　　　出库经手人：贺明　　　　提货人：王贺

原始凭证 2－22－3

10202120

中国工商银行　**转账支票**　00003271

出票日期（大写）　贰零贰叁 年 壹拾贰 月 壹拾贰 日　　付款行名称：工商银行上华路支行

收款人：雅布利食品有限公司　　出票人账号：1034568897

付款期限自出票之日起十天

人民币（大写）	亿	千	百	十	万	千	百	十	元	角	分
叁万叁仟玖佰元整				¥	3	3	9	0	0	0	0

用途　购货款　　　　密码

上列款项请从　　　　行号

我账户内支付

出票人签章　　　　复核　　　　记账

（印章：锦宁市太和超市 财务专用章；李鑫印）

原始凭证 2－22－4

ICBC 中国工商银行 INDUSTRIAL AND COMMERCIAL BANK OF CHINA　**进账单**（收账通知）3

年　月　日　　No1982345

出票人	全　称		收款人	全　称	
	账　号			账　号	
	开户银行			开户银行	

金额	人民币（大写）	亿	千	百	十	万	千	百	十	元	角	分

票据种类		票据张数	
票据号码			
备注：		复核：	记账：

此联是收款人开户银行交给收款人的收账通知

原始凭证 2－23－1

7434544189　　辽宁增值税专用发票　　No 65850034

发票联

开票日期：2023年12月12日

购买方	名称：雅布利食品有限公司 纳税人识别号：912107031109195736 地址、电话：锦宁市中央大街3段2号 4157809 开户行及账号：工商银行解放路支行2369874				密码区	（略）	
货物或应税劳务、服务名称	规格型号	单位	数量	单价	金额	税率	税额
中筋面粉		千克	2 000	5.20	10 400.00	9%	936.00
合计					¥10 400.00		¥936.00
价税合计（大写）	⊗壹万壹仟叁佰叁拾陆元整				（小写）¥11 336.00		
销售方	名称：锦宁市面粉厂 纳税人识别号：912107024512652231 地址、电话：锦宁市中华南路4号 3884567 开户行及账号：工商银行凌南支行5671892				备注	锦宁市面粉厂 912107024512652231 发票专用章	

收款人：黄鑫　　复核：王丽丽　　开票人：吴丹　　销售方：（章）

第三联：发票联　购买方记账凭证

原始凭证 2－23－2

中国工商银行 转账支票存根 10202120 00000249
附加信息
出票日期　年　月　日
收款人：
金额：
用途：
单位主管　　会计

中国工商银行 转账支票　　10202120
00000249

出票日期（大写）　年　月　日　付款行名称：

收款人：　出票人账号：

付款期限自出票之日起十天

人民币（大写）	亿	千	百	十	万	千	百	十	元	角	分

用途＿＿＿＿＿　密码＿＿＿＿＿

上列款项请从　行号＿＿＿＿＿

我账户内支付

出票人签章　复核　记账

原始凭证 2-23-3

验收仓库

材料验收入库单 ②记账

年 月 日 第1号

供应单位：			合同号		发票号		结算方式		
物资名称	材质	规格型号	单位	数量		实际价格			
				应收	实收	单价	金额	运杂费	合计
合 计									

仓库负责人 收料人 经办人

原始凭证 2-24-1

中国工商银行 业务委托书

日期 年 月 日 辽A 00568401

业务类型	□电汇 □信汇 □汇票申请书 □本票申请书 □其他				
汇款人	全称		收款人	全称	
	账号或地址			账号或地址	
	开户银行			开户银行	
金额（大写）			亿 千 百 十 万 千 百 十 元 角 分		
密码		加急汇款签字			
用途					
备注					
			付款行签章：		

事后监督： 会计主管： 复核： 记账：

原始凭证 2－24－2

中国工商银行

银 行 汇 票 2

10202140

00000136

出票日期（大写） 贰零贰叁年壹拾贰月壹拾肆日	代理付款行：工商银行陵南支行	行号：	
收款人：锦宁市面粉厂			
出票金额 人民币（大写）壹拾柒万元整			
实际结算金额 人民币（大写）	亿 千 百 十 万 千 百 十 元 角 分		
申请人：雅市利食品有限公司	账号：2369874		
出票行：工商银行解放路支行 行号：			
备 注：购货款	密押：		
凭票付款	多余金额		
出票行签章	千 百 十 万 千 百 十 元 角 分	复核	记账

提示付款期限自出票之日起壹个月

此联代理付款行付款后作联行往账借方凭证附件

（印章：中国工商银行股份有限公司锦宁 汇票专用章；刘维印）

原始凭证 2－24－3

中国工商银行

银 行 汇 票 （解讫通知） 3

10202140

00000136

出票日期（大写） 贰零贰叁年壹拾贰月壹拾肆日	代理付款行：工商银行陵南支行	行号：	
收款人：锦宁市面粉厂			
出票金额 人民币（大写）壹拾柒万元整			
实际结算金额 人民币（大写）	亿 千 百 十 万 千 百 十 元 角 分		
申请人：雅市利食品有限公司	账号：2369874		
出票行：工商银行解放路支行 行号：			
备 注：购货款	密押：		
代理付款行签章	多余金额		
复核 经办	千 百 十 万 千 百 十 元 角 分	复核	记账

提示付款期限自出票之日起壹个月

此联代理付款行兑付后随报单寄出票行，由出票行作多余款贷方凭证

（印章：中国工商银行股份有限公司锦宁 汇票专用章；刘维印）

原始凭证 2－25

库存现金盘点报告表

年　月　日　　　　单位：元

实存金额	账存金额	对比结果		备注
		盘盈	盘亏	

清查人（签章）　　　　出纳员（签章）

原始凭证 2－26－1

2100184130　　**辽宁增值税专用发票**　　No 00425108

此联不作报销、扣税凭证使用　　开票日期：2023年12月14日

购买方	名　称：天津市运来商场 纳税人识别号：912177084567892547 地址、电话：天津市松化西路8号78452231 开户行及账号：工商银行大东支行3257167	密码区	（略）

货物或应税劳务、服务名称	规格型号	单位	数量	单价	金额	税率	税额
奶油面包		千克	1 500	18.00	27 000.00	13%	3 510.00
合　计					¥27 000.00		¥3 510.00
价税合计（大写）	⊗叁万零伍佰壹拾元整				（小写）¥30 510.00		

销售方	名　称：雅布利食品有限公司 纳税人识别号：912107031109195736 地址、电话：锦宁市中央大街3段2号4157809 开户行及账号：工商银行解放路支行2369874	备注	雅布利食品有限公司 912107031109195736 发票专用章

收款人：　　复核：刘洪涛　　开票人：孙达　　销售方：（章）

第一联：记账联　销售方记账凭证

原始凭证 2－26－2

中国工商银行
转账支票存根

10202120
00000250

附加信息

出票日期　2023年12月14日

收款人：锦宁市洪顺运输公司

金额：¥1 962.00

用途：代垫运费

单位主管　　会计

原始凭证 2－26－3

复印件 2100142760　　辽宁增值税专用发票　　No 25850053

发票联　　开票日期：2023 年12月14日

购买方	名称：天津市运来商场 纳税人识别号：91217708456789２547 地址、电话：天津市松化西路8号 78452231 开户行及账号：工商银行大东支行 3257167				密码区	（略）	
货物或应税劳务、服务名称	规格型号	单位	数量	单价	金额	税率	税额
运输劳务					1 800.00	9%	162.00
合计					¥1 800.00		¥162.00
价税合计（大写）	⊗壹仟玖佰陆拾贰元整				（小写）¥1 962.00		
销售方	名称：锦宁市洪顺运输公司 纳税人识别号：912107031981042837 地址、电话：锦宁市海景大街789号 3599800 开户行及账号：工商银行海景支行 155896144				备注		

收款人：　　复核：孙海　　开票人：郑雨欣　　销售方：（章）

第三联：发票联　购买方记账凭证

原始凭证 2－26－4

ICBC 中国工商银行　　托收凭证（受理回单）1

委托日期　　年　　月　　日

业务类型	委托收款（□邮划、□电划）			托收承付（□邮划、□电划）				
付款人	全称			收款人	全称			
	账号				账号			
	地址	省　市县	开户行		地址	省　市县	开户行	
金额	人民币（大写）						亿千百十万千百十元角分	
款项内容		托收凭证名称					附寄单证张数	
商品发运情况					合同名称号码			
备注： 复核：　记账：		款项收妥日期 年　月　日			收款人开户银行签章 年　月　日			

此联作收款人开户银行给收款人的受理回单

原始凭证 2－26－5

产成品出库单

2023 年 12 月 14 日

提货单位：天津市运来商场　　　　编号：L206

用途：销售　　　　仓库：1 号库

名称	规格	单位	数量	单位成本	金额	备注
奶油面包		千克	1 500			
合计			1 500			

②会计记账

仓库负责人：李响　　出库经手人：李林　　提货人：李方

原始凭证 2－27－1

中国工商银行

银行汇票　2

10202140

00000136

提示付款期限自出票之日起壹个月

出票日期（大写）：贰零贰叁年壹拾贰月壹拾肆日　　代理付款行：工商银行凌南支行　　行号：

收款人：锦宁市面粉厂

出票金额 人民币（大写）壹拾伍万捌仟玖佰贰拾贰元整

实际结算金额	人民币（大写）	亿	千	百	十	万	千	百	十	元	角	分
	壹拾伍万捌仟玖佰贰拾贰元整			¥	1	5	8	9	2	2	0	0

申请人：雅市利食品有限公司　　账号：2369874

出票行：工商银行解放路支行　行号：

备　注：购货款

凭票付款

出票行签章

中国工商银行股份有限公司锦宁 汇票专用章

印 刘维

密押：

多余金额

千	百	十	万	千	百	十	元	角	分
		¥	1	1	0	7	8	0	0

复核　　记账

此联代理付款行付款后作联行往账借方凭证附件

原始凭证 2－27－2

中国工商银行

银 行 汇 票 （解讫通知） 3

10202140

00000136

出票日期（大写） 贰零贰叁年壹拾贰月壹拾肆日	代理付款行：工商银行凌南支行	行号：
收款人：锦宁市面粉厂		
出票金额 人民币（大写）壹拾伍万捌仟玖佰贰拾贰元整		

实际结算金额	人民币（大写）	亿	千	百	十	万	千	百	十	元	角	分
壹拾伍万捌仟玖佰贰拾贰元整				¥	1	5	8	9	2	2	0	0

申请人：雅市利食品有限公司　　账号：2369874

出票行：工商银行解放路支行　行号：

备　注：购货款

密押：

代理付款行签章

多余金额									
千	百	十	万	千	百	十	元	角	分
		¥	1	1	0	7	8	0	0

复核　经办　　复核　记账

中国工商银行股份有限公司锦宁 汇票专用章　印 刘维

提示付款期限自出票之日起壹个月

此联代理付款行兑付后随报单寄出票行，由出票行作多余款贷方凭证

原始凭证 2－27－3

2100184130　　辽宁增值税专用发票　　№ 00786738

发 票 联

开票日期：2023年12月14日

购买方	名称：雅市利食品有限公司 纳税人识别号：912107031109195736 地址、电话：锦宁市中央大街3段2号 4157809 开户行及账号：工商银行解放路支行 2369874	密码区	（略）				
货物或应税劳务、服务名称	规格型号	单位	数量	单价	金额	税率	税额
高筋面粉		千克	22 000	5.40	118 800.00	9%	10 692.00
中筋面粉		千克	6 000	4.50	27 000.00	9%	2 430.00
合　计					¥145 800.00		¥13 122.00
价税合计（大写）	⊗壹拾伍万捌仟玖佰贰拾贰元整				（小写）¥158 922.00		
销售方	名称：锦宁市面粉厂 纳税人识别号：912107024512652231 地址、电话：锦宁市中华南路4号 3884567 开户行及账号：工商银行凌南支行 55671892	备注	锦宁市面粉厂 912107024512652231 发票专用章				

收款人：　　复核：陈海霞　　开票人：张曼　　销售方：（章）

第三联：发票联 购买方记账凭证

原始凭证 2－27－4

验收仓库

材 料 验 收 入 库 单 ② 记 账

年　月　日　　　　第 2 号

供应单位：			合同号			发票号		结算方式	
物资名称	材质	规格型号	单位	数量		实际价格			
				应收	实收	单价	金额	运杂费	合计
合　计									

仓库负责人　　　　收料人　　　　经办人

原始凭证 2－28－1

2100184130　　辽宁增值税专用发票　　No 00436766

发票联　　开票日期：2023年12月15日

购买方	名　　称：雅布利食品有限公司 纳税人识别号：912107031109195736 地址、电话：锦宁市中央大街3段2号 4157809 开户行及账号：工商银行解放路支行 2369874				密码区	（略）		
货物或应税劳务、服务名称	规格型号	单位	数量	单价		金额	税率	税额
奶油		千克	2 000	21.00		42 000.00	13%	5 460.00
合　计						¥42 000.00		¥5 460.00
价税合计（大写）	⊗肆万柒仟肆佰陆拾元整					（小写）¥47 460.00		
销售方	名　　称：大连极味有限公司 纳税人识别号：912102136048387052 地址、电话：大连市云路大街25号 88015021 开户行及账号：工商银行河上支行 2351898-236				备注	大连极味有限公司 912102136048387052 发票专用章		

收款人：　　复核：陈海波　　开票人：张曼野　　销售方：（章）

第三联：发票联 购买方记账凭证

原始凭证 2－28－2

2100142760　　辽宁增值税专用发票　　No 00090236

发票联

（印章：全国统一发票监制章 辽宁 国家税务总局监制）

开票日期：2023 年 12 月 15 日

购买方	名　　称：雅布利食品有限公司 纳税人识别号：912107031109195736 地址、电话：锦宁市中央大街3段2号 4157809 开户行及账号：工商银行解放路支行 2369874	密码区	（略）

货物或应税劳务、服务名称	规格型号	单位	数量	单价	金额	税率	税额
运输劳务					900.00	9%	81.00
合　　计					¥900.00		¥81.00
价税合计（大写）	⊗玖佰捌拾壹元整				（小写）¥981.00		

销售方	名　　称：大连市顺发运输公司 纳税人识别号：912107021925041889 地址、电话：大连市双汇区五段16号 66889123 开户行及账号：工商银行双汇支行 112456878952	备注	（印章：大连市顺发运输公司 912107021925041889 发票专用章）

收款人：　　复核：王丽　　开票人：方芳　　销售方：（章）

第三联：发票联 购买方记账凭证

原始凭证 2－28－3

验收仓库

材料验收入库单 ②记账

年　月　日　　　　第 3 号

供应单位：			合同号			发票号		结算方式	
物资名称	材质	规格型号	单位	数量		实际价格			
				应收	实收	单价	金额	运杂费	合计
合　计									

仓库负责人　　　　收料人　　　　经办人

原始凭证 2－28－4

银行承兑协议

协议编号：265589

银行承兑汇票的内容：

出票人全称：雅布利食品有限公司　　收款人全称：大连极味有限公司

开户银行：工商银行解放路支行　　开户银行：工商银行河上支行

账号：2369874　　账号：2351898－236

汇票号码：56743566　　汇票金额（大写）：肆万捌仟肆佰肆拾壹元整

出票日期：2023 年 12 月 15 日　　到期日期：2024 年 4 月 15 日

以上汇票经银行承兑，出票人愿意遵守《支付结算办法》的规定及下列条款：

一、出票人于汇票到期日前将应付票款足额承兑银行。

二、承兑手续费按票面金额千分之五计算，在银行承兑时一次付清。

三、出票人与持票人如发生任何交易纠纷，均由其双方自行处理，票款于到期前应按第一条办理无误。

四、承兑汇票到期日，承兑银行凭票无条件支付票款。如到期日之前不能足额交付票款时，承兑银行对不足支付部分的票款作出票申请人逾期贷款，并按照有关规定计收罚款。

五、承付汇票款付清后，本协议自动失效。

承兑银行（甲方）　　承兑申请人（乙方）

（公章）　　（公章）

签署日期　2023 年 12 月 15 日

原始凭证 2－28－5

银行承兑汇票（存根）　3　10202150 56743566

出票日期（大写）贰零贰叁年壹拾贰月壹拾伍日

出票人全称	雅布利食品有限公司	收款人	全　称	大连极味有限公司
出票人账号	2369874		账　号	2351898-236
付款行全称	工商银行解放路支行		开户银行	工商银行河上支行
出票金额	人民币（大写）肆万捌仟肆佰肆拾壹元整			亿 千 百 十 万 千 百 十 元 角 分：¥ 4 8 4 4 1 0 0
汇票到期日（大写）	贰零贰肆年肆月壹拾伍日	付款行	行　号	
承兑协议编号	265589		地　址	
	备注：			

此联由出票人存查

原始凭证 2－29－1

电子发票（增值税专用发票）

发票号码：24212000000004555601

开票日期：2023年12月15日

购买方信息	销售方信息
名称：雅布利食品有限公司 统一社会信用代码/纳税人识别号：912107031109195736	名称：营口糖业有限公司 统一社会信用代码/纳税人识别号：912107065689120445

项目名称	规格型号	单位	数量	单价	金额	税率/征收率	税额
白糖		千克	4 000	7.50	30 000.00	13%	3 900. 00
合　　计					¥30 000.00		¥3 900. 00
价税合计（大写）	⊗叁万叁仟玖佰元整				（小写）¥33 900.00		
备注	收款人：赵霞　复核人：张帆						

开票人：孔林

原始凭证 2－29－2

材料验收入库单 ② 记账

验收仓库	

年　月　日　　　　第4号

供应单位：			合同号			发票号		结算方式	
物资名称	材质	规格型号	单位	数量		实际价格			
				应收	实收	单价	金额	运杂费	合计
合　计									

仓库负责人　　　　收料人　　　　经办人

原始凭证 2－29－3

中国工商银行 网上银行电子回单

电子回单号码：0065-6002-0836-1788

付款人	户　名	雅布利食品有限公司	收款人	户　名	营口糖业有限公司
	账　号	2369874		账　号	32542771-44
	开户银行	中国工商银行解放路支行		开户银行	中国工商银行双井营业部
金　额		¥33 900.00	金额（大写）		人民币叁万叁仟玖佰元整
摘　要		购货款	业务（产品）种类		网银互联
用　途		购货款			
交易流水号		0000015	时间戳		2023-12-15-00.10.25.635
中国工商银行 电子回单 专用章		备注： 附言：指令编号：HDIOAN1564132 提交人：45464FIJI			
		验证码：ljidjojadDDFCfa+djoaji			
记账网点	2203	记账柜员	1261	记账日期	2023年12月15日

打印日期：2023年12月15日

原始凭证 2－30－1

2100184130　　辽宁增值税专用发票　　No 00296589

发票联　　开票日期：2023 年 12 月 15 日

购买方	名　称：雅布利食品有限公司 纳税人识别号：912107031109195736 地址、电话：锦宁市中央大街3段2号 4157809 开户行及账号：工商银行解放路支行 2369874				密码区	（略）	
货物或应税劳务、服务名称	规格型号	单位	数量	单价	金额	税率	税额
鸡蛋		千克	2 000	9.00	18 000.00	9%	1 620.00
合　计					¥18 000.00		¥1 620.00
价税合计（大写）	⊗壹万玖仟陆佰贰拾元整				（小写）¥19 620.00		
销售方	名　称：锦宁市保真养鸡场 纳税人识别号：912107031205889657 地址、电话：锦宁市中山西路24号 2123556 开户行及账号：工商银行铁路支行 11023220056l				备注	锦宁市保真养鸡场 912107031205889657 发票专用章	

收款人：赵枫　　复核：李帆　　开票人：孔林林　　销售方：（章）

第三联：发票联　购买方记账凭证

原始凭证 2－30－2

验收仓库

材料验收入库单 ②记账

年　月　日　　　　第 5 号

供应单位:				合同号			发票号		结算方式	
物资名称	材质	规格型号	单位	数量		实际价格				
				应收	实收	单价	金额		运杂费	合计
合　计										

仓库负责人　　　　收料人　　　　经办人

原始凭证 2－31－1

2100184130　　辽宁增值税专用发票　　No 00286676

发票联　　开票日期: 2023年12月15日

购买方	名称: 雅布利食品有限公司 纳税人识别号: 912107031109195736 地址、电话: 锦宁市中央大街3段2号 4157809 开户行及账号: 工商银行解放路支行 2369874				密码区	(略)	
货物或应税劳务、服务名称	规格型号	单位	数量	单价	金额	税率	税额
植物油		千克	4 200	10.00	42 000.00	9%	3 780.00
合　计					¥42 000.00		¥3 780.00
价税合计(大写)	⊗肆万伍仟柒佰捌拾元整				(小写)¥45 780.00		
销售方	名称: 锦宁市宏策食品有限公司 纳税人识别号: 912107035680115443 地址、电话: 锦宁市双华路3段100号 3958856 开户行及账号: 农业银行桥南支行 556680102				备注	锦宁市宏策食品有限公司 912107035680115443 发票专用章	

收款人: 吴芳　　复核: 郭宋　　开票人: 林林　　销售方: (章)

第三联: 发票联 购买方记账凭证

原始凭证 2－31－2

验收仓库

材料验收入库单 ②记账

年　月　日　　　　第 6 号

供应单位：				合同号			发票号		结算方式	
物资名称	材质	规格型号	单位	数量		实际价格				
				应收	实收	单价	金额	运杂费	合计	
合　计										

仓库负责人　　　　收料人　　　　经办人

原始凭证 2－32－1

2100184130　　辽宁增值税专用发票　　No 00556411

发票联　　开票日期：2023 年 12 月 15 日

购买方	名　称：雅市利食品有限公司 纳税人识别号：91210703110919573б 地址、电话：锦宁市中央大街3段2号 4157809 开户行及账号：工商银行解放路支行 2369874				密码区	（略）	
货物或应税劳务、服务名称	规格型号	单位	数量	单价	金额	税率	税额
鲜牛奶		千克	2100	3.00	6300.00	9%	567.00
合　计					¥6300.00		¥567.00
价税合计（大写）	⊗陆仟捌佰陆拾柒元整				（小写）¥6867.00		
销售方	名　称：锦宁市宏大牧业有限公司 纳税人识别号：912107045568912424 地址、电话：锦宁市中山南路2号 3878556 开户行及账号：工商银行白楼营业部 31032200561				备注	锦宁市宏大牧业有限公司 912107045568912424 发票专用章	

收款人：李瑞　　复核：张丽　　开票人：张清　　销售方：（章）

第三联：发票联　购买方记账凭证

原始凭证 2－32－2

验收仓库

材料验收入库单②记账

年　月　日　　　　第 7 号

供应单位：			合同号			发票号		结算方式	
物资名称	材质	规格型号	单位	数量		实际价格			
				应收	实收	单价	金额	运杂费	合计
合　计									

仓库负责人　　　　收料人　　　　经办人

原始凭证 2－32－3

中国工商银行
转账支票存根

10202120
00000251

附加信息

出票日期 2023 年 12 月 15 日

收款人：锦宁市宏大牧业有限公司

金额：￥6 867.00

用途：付货款

单位主管　　会计

原始凭证 2－32－4

领　料　单

领料单位：生产车间　　　　编号：B00311

用途：生产产品（奶油面包）　　2023 年 12 月 15 日　　发料仓库：2 号库

材料名称	材料编号	规格	计量单位	数量	单位成本	金额	备注
高筋面粉			千克	12 700			
合计				12 700			

②财务留存

仓库负责人：李响　　　　发料人：李林　　　　领料人：王力

原始凭证 2－32－5

领　料　单

领料单位：生产车间　　　　编号：B00312

用途：生产产品（奶油面包）　　2023 年 12 月 15 日　　发料仓库：2 号库

材料名称	材料编号	规格	计量单位	数量	单位成本	金额	备注
奶油			千克	1 450			
合计				1 450			

②财务留存

仓库负责人：李响　　发料人：李林　　领料人：王力

原始凭证 2－32－6

领　料　单

领料单位：生产车间　　　　编号：B00313

用途：生产产品（奶油面包）　　2023 年 12 月 15 日　　发料仓库：2 号库

材料名称	材料编号	规格	计量单位	数量	单位成本	金额	备注
白糖			千克	1 800			
合计				1 800			

②财务留存

仓库负责人：李响　　发料人：李林　　领料人：王力

原始凭证 2－32－7

领　料　单

领料单位：生产车间　　　　编号：B00314

用途：生产产品（奶油面包）　　2023 年 12 月 15 日　　发料仓库：2 号库

材料名称	材料编号	规格	计量单位	数量	单位成本	金额	备注
植物油			千克	1 500			
合计				1 500			

②财务留存

仓库负责人：李响　　发料人：李林　　领料人：王力

原始凭证 2－32－8

领　料　单

领料单位：生产车间　　　　编号：B00315

用途：生产产品（钙奶饼干）　　2023 年 12 月 15 日　　发料仓库：2 号库

材料名称	材料编号	规格	计量单位	数量	单位成本	金额	备注
中筋面粉			千克	6 000			
合计				6 000			

②财务留存

仓库负责人：李响　　发料人：李林　　领料人：王力

原始凭证 2 –32 –9

领 料 单

领料单位：生产车间　　　　　　　　　　　　　　　　　编号：B00316

用途：生产产品（钙奶饼干）　　2023 年 12 月 15 日　　　　发料仓库：2 号库

材料名称	材料编号	规格	计量单位	数量	单位成本	金额	备注
鲜牛奶			千克	1 600			
合计				1 600			

②财务留存

仓库负责人：李响　　　　发料人：李林　　　　领料人：王力

原始凭证 2 –32 –10

领 料 单

领料单位：生产车间　　　　　　　　　　　　　　　　　编号：B00317

用途：生产产品（钙奶饼干）　　2023 年 12 月 15 日　　　　发料仓库：2 号库

材料名称	材料编号	规格	计量单位	数量	单位成本	金额	备注
白糖			千克	2 200			
合计				2 200			

②财务留存

仓库负责人：李响　　　　发料人：李林　　　　领料人：王力

原始凭证 2 –32 –11

领 料 单

领料单位：生产车间　　　　　　　　　　　　　　　　　编号：B00318

用途：生产产品（钙奶饼干）　　2023 年 12 月 15 日　　　　发料仓库：2 号库

材料名称	材料编号	规格	计量单位	数量	单位成本	金额	备注
植物油			千克	2 600			
合计				2 600			

②财务留存

仓库负责人：李响　　　　发料人：李林　　　　领料人：王力

原始凭证 2 –32 –12

领 料 单

领料单位：生产车间　　　　　　　　　　　　　　　　　编号：B00319

用途：生产产品（钙奶饼干）　　2023 年 12 月 15 日　　　　发料仓库：2 号库

材料名称	材料编号	规格	计量单位	数量	单位成本	金额	备注
鸡蛋			千克	2 000			
合计				2 000			

②财务留存

仓库负责人：李响　　　　发料人：李林　　　　领料人：王力

原始凭证 2－33－1

2100184130　　　　辽宁增值税专用发票　　　　No 00425109

此联不作报销、扣税凭证使用　　　　开票日期：2023年12月16日

购买方	名　　称：锦宁市太和超市 纳税人识别号：912107041055680223 地址、电话：锦宁市松山东路2-45号 3881255 开户行及账号：工商银行上华路支行 1034568897				密码区	（略）	
货物或应税劳务、服务名称	规格型号	单位	数量	单价	金额	税率	税额
奶油面包		千克	4 200	18.00	75 600.00	13%	9 828.00
合　　计					¥75 600.00		¥9 828.00
价税合计（大写）	⊗捌万伍仟肆佰贰拾捌元整				（小写）¥85 428.00		
销售方	名　　称：雅布利食品有限公司 纳税人识别号：912107031109195736 地址、电话：锦宁市中央大街3段2号 4157809 开户行及账号：工商银行解放路支行 2369874				备注	雅布利食品有限公司 912107031109195736 发票专用章	

收款人：刘莎莎　　复核：刘洪涛　　开票人：孙达　　销售方：（章）

第一联：记账联　销售方记账凭证

原始凭证 2－33－2

产成品出库单

2023 年 12 月 16 日

提货单位：锦宁市太和超市　　　　编号：L207

用途：销售　　　　仓库：1号库

名　称	规　格	单　位	数　量	单位成本	金　额	备注
奶油面包		千克	4 200			
合　计			4 200			

仓库负责人：李响　　出库经手人：李林　　提货人：李方

②会计记账

原始凭证 2－33－3

中国工商银行　转账支票　　10202120　00005812

出票日期（大写）贰零贰叁年壹拾贰月壹拾陆日　　付款行名称：工商银行上华路支行

收款人：雅布利食品有限公司　　出票人账号：1034568897

人民币（大写）	亿	千	百	十	万	千	百	十	元	角	分
捌万伍仟肆佰贰拾捌元整				¥	8	5	4	2	8	0	0

付款期限自出票之日起十天

用途：货款　　密码

上列款项请从　　行号

我账户内支付

出票人签章　　复核　　记账

锦宁市太和超市 财务专用章　　杨凌 印

原始凭证 2－33－4

ICBC 中国工商银行 INDUSTRIAL AND COMMERCIAL BANK OF CHINA

进账单（收账通知）3

年　　月　　日　　　　No1982346

出票人	全　称		收款人	全　称	
	账　号			账　号	
	开户银行			开户银行	
金额	人民币（大写）				亿 千 百 十 万 千 百 十 元 角 分
票据种类		票据张数			
票据号码					
备注：				复核：　　记账：	

此联是收款人开户银行交给收款人的收账通知

原始凭证 2－33－5

产成品入库单

2023 年 12 月 16 日

编号：A081

交货部门：生产车间　　　　仓库：1 号库

名　称	规　格	单　位	数　量	单位成本	金　额	备注
钙奶饼干		千克	11 000			
合　计			11 000			

②会计记账

仓库负责人：李响　　　　入库经手人：李林

原始凭证 2－33－6

产成品入库单

2023 年 12 月 16 日

编号：A082

交货部门：生产车间　　　　仓库：1 号库

名　称	规　格	单　位	数　量	单位成本	金　额	备注
奶油面包		千克	17 000			
合　计			17 000			

②会计记账

仓库负责人：李响　　　　入库经手人：李林

原始凭证 2－34－1

2100184130　　辽宁增值税专用发票　　No 00425110

此联不作报销、扣税凭证使用　　开票日期：2023 年 12 月 17 日

购买方	名称：锦宁市华联超市 纳税人识别号：912107031956100205 地址、电话：锦宁市太和区中宁路6段23号 3158979 开户行及账号：工商银行中宁支行 10032650045				密码区	（略）	
货物或应税劳务、服务名称	规格型号	单位	数量	单价	金额	税率	税额
钙奶饼干		千克	3 930	15.00	58 950.00	13%	7 663.50
合计					¥58 950.00		¥7 663.50
价税合计（大写）	⊗陆万陆仟陆佰壹拾叁元伍角整				（小写）¥66 613.50		
销售方	名称：雅布利食品有限公司 纳税人识别号：912107031109195736 地址、电话：锦宁市中央大街3段2号4157809 开户行及账号：工商银行解放路支行2369874				备注	雅布利食品有限公司 912107031109195736 发票专用章	

收款人：刘萝萝　　复核：刘洪涛　　开票人：孙达　　销售方：（章）

第一联：记账联　销售方记账凭证

原始凭证 2－34－2

产成品出库单

2023 年 12 月 17 日

提货单位：锦宁市华联超市　　编号：L208

用途：销售　　仓库：1 号库

名称	规格	单位	数量	单位成本	金额	备注
钙奶饼干		千克	3 930			
合计			3 930			

②会计记账

仓库负责人：李响　　入库经手人：李林　　提货人：李方

原始凭证 2－34－3

ICBC 中国工商银行　　　　凭证

业务回单（收款）

入账日期：2023 年 12 月 17 日　　　　回单编号：11185000002

付款人户名：锦宁市华联超市
付款人账号：10032650045
付款人开户行：工商银行中宁支行
收款人户名：雅布利食品有限公司
收款人账号：2369874
收款人开户行：工商银行解放路支行
币种：人民币（本位币）　　金额（小写）：¥66 613.50
金额（大写）：陆万陆仟陆佰壹拾叁元伍角整
凭证种类：资金汇划收报　　凭证号码：1194374
业务（产品）种类：汇划收报　　摘要：货款（转工行辽宁省锦宁解放路支行）
交易机构号：0070800032　　记账柜员：2　　交易代码：　　用途：货款
客户附言：货款（转工行辽宁省锦宁解放路支行）用途：前欠货款 发报行行号：56894 收报行行号：

中国工商银行股份有限公司锦宁解放路支行
业务专用章

原始凭证 2－35

固定资产折旧计算表

单位名称：雅布利食品有限公司　　2023 年 12 月 18 日　　单位：元

固定资产项目		年折旧率	上月计提		上月增加		上月减少		本月计提	
			原值	折旧额	原值	折旧额	原值	折旧额	原值	折旧额
车间房屋建筑物		4.75%	1 400 000.00	5 541.67					1 400 000.00	5 541.67
车间机器设备	烤箱	9.50%	150 000.00	1 187.50					150 000.00	1 187.50
	旧式和面机	9.50%	120 000.00	950.00					120 000.00	950.00
	成型机	9.50%	80 000.00	633.33					80 000.00	633.33
	打蛋机	9.50%	50 000.00	395.83					50 000.00	395.83
	小计		400 000.00	3 166.66					400 000.00	3 166.66
厂部房屋建筑物		4.75%	1 000 000.00	3 958.33					1 000 000.00	3 958.33
厂部管理设备	办公台式电脑	23.75%	20 000.00	395.83					20 000.00	395.83
	打印机	23.75%	16 000.00	316.67					16 000.00	316.67
	办公手提电脑	23.75%	4 000.00	79.17					4 000.00	79.17
	小计		40 000.00	791.67					40 000.00	791.67
合计			2 840 000.00	13 458.33					2 840 000.00	13 458.33

会计主管：赵兴权　　　　制表人：王莉

原始凭证 2－36－1

固定资产报废专项说明书

2023 年 12 月 19 日

<table>
<tr><td colspan="2">单位名称</td><td colspan="2">雅布利食品有限公司</td><td>项目名称</td><td colspan="3">固定资产报废</td></tr>
<tr><td rowspan="4">固定资产基本情况</td><td>名　称</td><td colspan="2">旧式和面机</td><td>单位</td><td>台</td><td>数量</td><td>1</td></tr>
<tr><td>购建日期</td><td>2014.03.03</td><td>预计年限</td><td>10</td><td>报废日期</td><td colspan="2">2023.12.19</td></tr>
<tr><td>使用部门</td><td colspan="2">生产车间</td><td>报废原因</td><td colspan="3">事故</td></tr>
<tr><td>账面原值</td><td>120 000.00</td><td>已提折旧</td><td>111 150.00</td><td>账面净值</td><td colspan="2">8 850.00</td></tr>
<tr><td colspan="8">资产报废专项说明：
旧式和面机因事故报废。
资产使用部门负责人签章：周月
2023 年 12 月 19 日</td></tr>
<tr><td colspan="8">本单位对该资产毁损、报废处理意见：
对于旧式和面机同意报废。
（印章：雅布利食品有限公司）
单位签章：
2023 年 12 月 19 日</td></tr>
</table>

原始凭证 2－36－2

辽宁增值税电子普通发票

（印章：全国统一发票监制章 辽宁 国家税务总局监制）

发票代码：021001800104
发票号码：48780218
开票日期：2023年12月19日
校 验 码：12563 26354 57874 585688

<table>
<tr><td rowspan="4">购买方</td><td>名　　称：</td><td colspan="4">雅布利食品有限公司</td><td rowspan="4">密码区</td><td rowspan="4" colspan="3">（略）</td></tr>
<tr><td>纳税人识别号：</td><td colspan="4">912107031109195000</td></tr>
<tr><td>地 址、电 话：</td><td colspan="4">锦宁市中央大街3段2号 4157809</td></tr>
<tr><td>开户行及账号：</td><td colspan="4">工商银行解放路支行 2369874</td></tr>
<tr><td colspan="2">货物或应税劳务、服务名称</td><td>规格型号</td><td>单位</td><td>数量</td><td>单价</td><td colspan="2">金额</td><td>税率</td><td>税额</td></tr>
<tr><td colspan="2">装卸清理费</td><td></td><td></td><td>1</td><td>220.00</td><td colspan="2">220.00</td><td>*</td><td>*</td></tr>
<tr><td colspan="2">合　　计</td><td></td><td></td><td></td><td></td><td colspan="2">¥220.00</td><td></td><td>*</td></tr>
<tr><td colspan="2">价税合计（大写）</td><td colspan="6">⊗贰佰贰拾元整</td><td colspan="2">（小写）¥220.00</td></tr>
<tr><td rowspan="4">销售方</td><td>名　　称：</td><td colspan="4">锦宁市清衡服务有限公司</td><td rowspan="4">备注</td><td rowspan="4" colspan="3">现金
（印章：锦宁市清衡服务有限公司 912107037342274594 发票专用章）</td></tr>
<tr><td>纳税人识别号：</td><td colspan="4">912107037342274594</td></tr>
<tr><td>地 址、电 话：</td><td colspan="4">锦宁市金沙北路2号 3856882</td></tr>
<tr><td>开户行及账号：</td><td colspan="4">工商银行金沙支行 668952231125</td></tr>
</table>

收款人：冯富　　复核：王政　　开票人：张水　　销售方：（章）

原始凭证 2－36－3

验收仓库 2#

材料验收入库单②记账

2023年12月19日 第8号

供应单位：生产车间			合同号			发票号		结算方式	
物资名称	材质	规格型号	单位	数量		实际价格			
				应收	实收	单价	金额	运杂费	合计
废旧材料							8 200.00		8 200.00
合计							8 200.00		8 200.00

仓库负责人：李响 收料人：李林 经办人：李明

原始凭证 2－36－4

固定资产清理结果报告单

2023年12月19日 单位：元

项目	固定资产净值	固定资产清理收入	固定资产清理费用	固定资产清理损失
金额	8 850.00	8 200.00	220.00	870.00

清理负责人：李白芳 财务负责人：赵兴权

原始凭证 2－37－1

2100184130 辽宁增值税专用发票 No 00425111

此联不作报销、扣税凭证使用 开票日期：2023年12月19日

购买方	名称：营口兴盛超市 纳税人识别号：912107124557851245 地址、电话：营口市中华路84号 2332456 开户行及账号：工商银行解放支行 1445867167				密码区	（略）	
货物或应税劳务、服务名称	规格型号	单位	数量	单价	金额	税率	税额
钙奶饼干		千克	5 780	15.00	86 700.00	13%	11 271.00
合计					¥86 700.00		¥11 271.00
价税合计（大写）	⊗玖万柒仟玖佰柒拾壹元整				（小写）¥97 971.00		
销售方	名称：雅布利食品有限公司 纳税人识别号：912107031109195736 地址、电话：锦宁市中央大街3段2号4157809 开户行及账号：工商银行解放路支行2369874				备注	雅布利食品有限公司 912107031109195736 发票专用章	

收款人：刘莎莎 复核：刘洪涛 开票人：孙达 销售方：（章）

第一联：记账联 销售方记账凭证

原始凭证 2－37－2

产成品出库单

2023 年 12 月 19 日

提货单位：营口兴盛超市　　编号：L209

用途：销售　　仓库：1 号库

名　称	规　格	单　位	数　量	单位成本	金　额	备注
钙奶饼干		千克	5 780			
合　计			5 780			

②会计记账

仓库负责人：李响　　出库经手人：李林　　提货人：李方

原始凭证 2－37－3

（复印件）

银行承兑汇票　　2　　10202150 78654448

出票日期（大写）贰零贰叁 年 壹拾贰 月 壹拾玖 日

出票人全称	营口兴盛超市	收款人	全　称	雅布利食品有限公司
出票人账号	1445867167	收款人	账　号	2369874
付款行全称	工商银行解放支行	收款人	开户银行	工商银行解放路支行
出票金额	人民币（大写）玖万柒仟玖佰柒拾壹元整		亿千百十万千百十元角分	¥97971 00
汇票到期日（大写）	贰零贰肆年叁月壹拾玖日	付款行	行　号	
承兑协议编号	45666548	付款行	地　址	

本汇票请你行承兑，到期无条件付款。

（印章：营口兴盛超市 财务专用章）（印：李杰）

出票人签章

本汇票已经承兑，到期日由本行付款。

（印章：中国工商银行股份有限公司营口 汇票专用章）

承兑行盖章

承兑日期 2023 年 12 月 19 日

备注：

密押

（印：刘维）

复核：　　记账：

此联收款人开户行随托收凭证寄付款行作借方凭证附

原始凭证 2－38

固定资产盘点（实存账存对比）表

单位名称：雅布利食品有限公司　　盘点日期：2023 年 12 月 20 日

序号	名称	使用部门	购置时间	使用年限	计量单位	账面价值		实存数		盘亏（~~盈~~）		备注
						原值	已提折旧	数量	原值	数量	原值	
1	手提电脑	厂办公室	2020.02.25	4	台	4 000.00	3 641.67	0		1	4 000.00	原因待查

部门负责人：王杰　　盘点人：张达

原始凭证 2－39－1

2100184130　　辽宁增值税专用发票　　No 00007010

发票联

全国统一发票监制章 辽宁 国家税务总局监制

开票日期：2023 年 12 月 20 日

购买方	名　　称：雅布利食品有限公司 纳税人识别号：912107031109195736 地址、电话：锦宁市中央大街3段2号 4157809 开户行及账号：工商银行解放路支行 2369874				密码区	（略）	
货物或应税劳务、服务名称	规格型号	单位	数量	单价	金额	税率	税额
烤箱维修费					980.00	13%	127.40
合　计					¥980.00		¥127.40
价税合计（大写）	⊗壹仟壹佰零柒元肆角整				（小写）¥1107.40		
销售方	名　　称：锦宁市太和区新光电器修理部 纳税人识别号：912107037101895531 地址、电话：锦宁市渤海中街12号 3889100 开户行及账号：工商银行长兴支行 666234581				备注	锦宁市太和区新光电器修理部 912107037101895531 发票专用章	

收款人：郑芳　　复核：徐佳佳　　开票人：赵杰　　销售方：（章）

第三联：发票联　购买方记账凭证

原始凭证 2－39－2

中国工商银行 转账支票存根
10202120 00000252
附加信息
出票日期 2023 年 12 月 20 日
收款人：锦宁市太和区新光电器修理部
金额：¥1107.40
用途：维修费
单位主管　　会计

雅布利食品 财务专用章

原始凭证 2-40

ICBC 中国工商银行　　　　凭证

业务回单（收款）

入账日期：2023 年 12 月 21 日　　　　回单编号：11185000002

付款人户名：锦宁市华联超市
付款人账号：10032650045
付款人开户行：工商银行中宁支行
收款人户名：雅布利食品有限公司
收款人账号：2369874
收款人开户行：工商银行解放路支行
币种：人民币（本位币）　　金额（小写）：¥132 210.00
金额（大写）：壹拾叁万贰仟贰佰壹拾元整
凭证种类：资金汇划收报　　凭证号码：1194374
业务（产品）种类：汇划收报　　摘要：货款（转工行辽宁省锦宁解放路支行）
交易机构号：0070800032　　记账柜员：2　　交易代码：　　用途：预付货款
客户附言：货款（转工行辽宁省锦宁解放路支行）用途：预付货款 发报行行号：56894 收报行行号：

中国工商银行股份有限公司锦宁解放路支行
业务专用章

原始凭证 2-41-1

2100184130　　辽宁增值税专用发票　　No 00296646

发票联　　　　开票日期：2023 年 12 月 21 日

购买方	名称：雅布利食品有限公司 纳税人识别号：912107031109195736 地址、电话：锦宁市中央大街3段2号 4157809 开户行及账号：工商银行解放路支行 2369874	密码区	（略）	

货物或应税劳务、服务名称	规格型号	单位	数量	单价	金额	税率	税额
鸡蛋		千克	1 000	9.00	9 000.00	9%	810.00
合计					¥9 000.00		¥810.00
价税合计（大写）	⊗玖仟捌佰壹拾元整				（小写）¥9 810.00		

销售方	名称：锦宁市保真养鸡场 纳税人识别号：912107031205889657 地址、电话：锦宁市中山西路24号 2123556 开户行及账号：工商银行铁路支行 110232200561	备注	锦宁市保真养鸡场 912107031205889657 发票专用章

收款人：赵枫　　复核：李帆　　开票人：孔林林　　销售方：（章）

第三联：发票联　购买方记账凭证

原始凭证 2 –41 –2

中国工商银行 网上银行电子回单

电子回单号码：0065-6002-0836-1788

付款人	户名	雅布利食品有限公司	收款人	户名	锦宁市保真养鸡厂
	账号	2369874		账号	110232200561
	开户银行	中国工商银行解放路支行		开户银行	中国工商银行铁路支行
金额		¥9 810.00	金额（大写）		人民币玖仟捌佰壹拾元整
摘要		购货款	业务（产品）种类		网银互联
用途		购货款			
交易流水号		0000019	时间戳		2023-12-21-00.10.25.635
中国工商银行 电子回单 专用章		备注： 附言：指令编号：HDIOAN1564132 提交人：45464FIJI			
		验证码：ljidjojadDDFCfa+djoaji			
记账网点	2203	记账柜员	1261	记账日期	2023年12月21日

打印日期：2023年12月21日

原始凭证 2 –42 –1

验收仓库 2#

材料验收入库单 ② 记账

年 月 日 第 9 号

供应单位：			合同号			发票号		结算方式	
物资名称	材质	规格型号	单位	数量		实际价格			
				应收	实收	单价	金额	运杂费	合计
合计									

仓库负责人： 收料人： 经办人：

原始凭证 2-42-2

领 料 单

领料单位：生产车间　　　　　　　　　　　　　　　　　　编号：B00320
用途：生产产品（奶油面包）　　2023 年 12 月 22 日　　　　发料仓库：2 号库

材料名称	材料编号	规格	计量单位	数量	单位成本	金额	备注
高筋面粉			千克	9 200			
合计				9 200			

②财务留存

仓库负责人：李响　　　　发料人：李林　　　　领料人：王力

原始凭证 2-42-3

领 料 单

领料单位：生产车间　　　　　　　　　　　　　　　　　　编号：B00321
用途：生产产品（奶油面包）　　2023 年 12 月 22 日　　　　发料仓库：2 号库

材料名称	材料编号	规格	计量单位	数量	单位成本	金额	备注
奶油			千克	1 180			
合计				1 180			

②财务留存

仓库负责人：李响　　　　发料人：李林　　　　领料人：王力

原始凭证 2-42-4

领 料 单

领料单位：生产车间　　　　　　　　　　　　　　　　　　编号：B00322
用途：生产产品（钙奶饼干）　　2023 年 12 月 22 日　　　　发料仓库：2 号库

材料名称	材料编号	规格	计量单位	数量	单位成本	金额	备注
中筋面粉			千克	2 700			
合计				2 700			

②财务留存

仓库负责人：李响　　　　发料人：李林　　　　领料人：王力

原始凭证 2-42-5

领 料 单

领料单位：生产车间　　　　　　　　　　　　　　　　　　编号：B00323
用途：生产产品（钙奶饼干）　　2023 年 12 月 22 日　　　　发料仓库：2 号库

材料名称	材料编号	规格	计量单位	数量	单位成本	金额	备注
鸡蛋			千克	1 000			
合计				1 000			

②财务留存

仓库负责人：李响　　　　发料人：李林　　　　领料人：王力

原始凭证 2－42－6

领 料 单

领料单位：生产车间　　　　编号：B00324

用途：生产产品（钙奶饼干）　　2023 年 12 月 22 日　　发料仓库：2 号库

材料名称	材料编号	规格	计量单位	数量	单位成本	金额	备注
鲜牛奶			千克	500			
合计				500			

②财务留存

仓库负责人：李响　　发料人：李林　　领料人：王力

原始凭证 2－43

领 料 单

领料单位：生产车间　　　　编号：B00325

用途：一般耗用　　2023 年 12 月 23 日　　发料仓库：2 号库

材料名称	材料编号	规格	计量单位	数量	单位成本	金额	备注
饼干模具			套	50	31.00	1 550.00	
面包模具			套	50	40.00	2 000.00	
合计						3 550.00	

②财务留存

仓库负责人：李响　　发料人：李林　　领料人：王力

原始凭证 2－44－1

盘 存 单

单位名称：雅布利食品有限公司　　盘点时间：2023 年 12 月 24 日

财产名称：饼干模具　　存放地点：生产车间　　单位：元

编号	名称	规格或型号	计量单位	数量	单价	金额	备注
	饼干模具		套	505	31	15 655.00	
盘点人：张达				实物保管人：李林			

原始凭证 2－44－2

实存账存对比表

单位名称：雅布利食品有限公司　　2023 年 12 月 24 日　　单位：元

编号	类别及名称	规格型号	计量单位	单价	账存		实存		盘盈		盘亏			备注
					数量	金额	数量	金额	数量	金额	数量	金额	进项税额	
	饼干模具		套	31	510	15 810.00	505	15 655.00			5	155.00	20.15	
盘点人（签章）：张达							保管员（签章）：李林							

原始凭证 2－45－1

库存现金清查结果审批意见表

2023 年 12 月 25 日　　单位：元

清查结果		原因
盘盈	盘亏	
	60.00	出纳工作疏忽

处理意见由出纳员赔偿

签名（盖章）：赵兴权

原始凭证 2－45－2

周转材料清查结果审批意见表

2023 年 12 月 25 日　　单位：元

清查结果				原因
盘盈	盘亏	进项税额	合计	
	155.00	20.15	175.15	保管员工作疏忽

处理意见由保管员赔偿

签名（盖章）：赵兴权

原始凭证 2－45－3

固定资产清查结果审批意见表

2023 年 12 月 25 日　　单位：元

清查结果		原因
盘盈	盘亏	
	358.33	保管不当

处理意见计入营业外支出

签名（盖章）：赵兴权

原始凭证 2-46-1

收 款 收 据

NO:00288257

收款日期　　年　　月　日

<table>
<tr><td>付款单位
（交款人）</td><td></td><td>收款单位
（收款人）</td><td colspan="8"></td><td colspan="2">收款
项目</td><td></td></tr>
<tr><td rowspan="2">人民币
（大写）</td><td colspan="2" rowspan="2"></td><td>千</td><td>百</td><td>十</td><td>万</td><td>千</td><td>百</td><td>十</td><td>元</td><td>角</td><td>分</td><td>结算方式</td></tr>
<tr><td></td><td></td><td></td><td></td><td></td><td></td><td></td><td></td><td></td><td></td><td></td></tr>
<tr><td rowspan="2">收款事由</td><td colspan="2" rowspan="2"></td><td rowspan="2">经办</td><td colspan="3">部门</td><td colspan="7"></td></tr>
<tr><td colspan="3">人员</td><td colspan="7"></td></tr>
<tr><td colspan="3" rowspan="2">上述款项照数收讫无误。
收款单位财务专用章：
（领款人签章）</td><td colspan="4">会计主管</td><td colspan="3">稽核</td><td colspan="3">出纳</td><td>交款人</td></tr>
<tr><td colspan="4"></td><td colspan="3"></td><td colspan="3"></td><td></td></tr>
</table>

第二联 收款单位记账凭证

使用范围及规定：(1) 本收据只能用于单位内部和单位与单位、单位与个人之间的非经营性经济往来，不得代替发票、行政事业性收费等政府非税收入收据和罚没收据。(2) 结算方式按现金结算、银行结算和转账结算等方式分别填列。(3) 作废时，应加盖作废戳记，并同存根一起保存，不得自行销毁。

原始凭证 2-46-2

收 款 收 据

NO:00288258

收款日期　　年　　月　日

<table>
<tr><td>付款单位
（交款人）</td><td></td><td>收款单位
（收款人）</td><td colspan="8"></td><td colspan="2">收款
项目</td><td></td></tr>
<tr><td rowspan="2">人民币
（大写）</td><td colspan="2" rowspan="2"></td><td>千</td><td>百</td><td>十</td><td>万</td><td>千</td><td>百</td><td>十</td><td>元</td><td>角</td><td>分</td><td>结算方式</td></tr>
<tr><td></td><td></td><td></td><td></td><td></td><td></td><td></td><td></td><td></td><td></td><td></td></tr>
<tr><td rowspan="2">收款事由</td><td colspan="2" rowspan="2"></td><td rowspan="2">经办</td><td colspan="3">部门</td><td colspan="7"></td></tr>
<tr><td colspan="3">人员</td><td colspan="7"></td></tr>
<tr><td colspan="3" rowspan="2">上述款项照数收讫无误。
收款单位财务专用章：
（领款人签章）</td><td colspan="4">会计主管</td><td colspan="3">稽核</td><td colspan="3">出纳</td><td>交款人</td></tr>
<tr><td colspan="4"></td><td colspan="3"></td><td colspan="3"></td><td></td></tr>
</table>

第二联 收款单位记账凭证

使用范围及规定：(1) 本收据只能用于单位内部和单位与单位、单位与个人之间的非经营性经济往来，不得代替发票、行政事业性收费等政府非税收入收据和罚没收据。(2) 结算方式按现金结算、银行结算和转账结算等方式分别填列。(3) 作废时，应加盖作废戳记，并同存根一起保存，不得自行销毁。

原始凭证 2－47－1

2102103280　　　　辽宁增值税专用发票　　　　No 00425107

此联不作报销、扣税凭证使用　　　　开票日期：2023 年 12 月 26 日

购买方	名　　称：锦宁市华联超市 纳税人识别号：91210703195610020 5 地址、电　话：锦宁市太和区中宁路6段23号 3158979 开户行及账号：工商银行中宁支行 10032650045				密码区	（略）	
货物或应税劳务、服务名称	规格型号	单位	数量	单价	金额	税率	税额
奶油面包		千克	6 500	18.00	117 000.00	13%	15 210.00
合　　计					¥117 000.00		¥15 210.00
价税合计（大写）	⊗壹拾叁万贰仟贰佰壹拾元整				（小写）¥132 210.00		
销售方	名　　称：雅布利食品有限公司 纳税人识别号：912107031109195736 地址、电　话：锦宁市中央大街3段2号 4157809 开户行及账号：工商银行解放路支行 2369874				备注	雅布利食品有限公司 912107031109195736 发票专用章	

第一联：记账联　销售方记账凭证

收款人：　　复核：刘洪涛　　开票人：孙达　　销售方：（章）

原始凭证 2－47－2

产成品出库单

2023 年 12 月 26 日

提货单位：锦宁市华联超市　　　　编号：L210

用途：销售　　　　仓库：1号库

名　称	规　格	单　位	数　量	单位成本	金　额	备注
奶油面包		千克	6 500			
合　计			6 500			

②会计记账

仓库负责人：李响　　出库经手人：李林　　提货人：李方

原始凭证 2－47－3

产成品入库单

2023 年 12 月 26 日

编号：A086

交货部门：生产车间　　　　仓库：1号库

名　称	规　格	单　位	数　量	单位成本	金　额	备注
钙奶饼干		千克	7 000			
合　计			7 000			

②会计记账

仓库负责人：李响　　入库经手人：李林

原始凭证 3－47－4

产成品入库单

2023 年 12 月 26 日

编号：A087

交货部门：生产车间　　　　仓库：1 号库

名　称	规　格	单　位	数　量	单位成本	金　额	备注
奶油面包		千克	10 200.00			
合　计			10 200.00			

②会计记账

仓库负责人：李响　　　　入库经手人：李林

原始凭证 2－48

中国工商银行　贷款转存凭证

（借款借据）0018465

2023 年 12 月 26 日　　　　贷款种类：固定资产投资

借款人	全　称	中国工商银行锦宁市分行	收款人	全　称	雅市利食品有限公司
	账　号	35129687532		账　号	2369874
	开户行	工商银行锦宁市分行		开户行	工商银行解放路支行

大写金额	千	百	十	万	千	百	十	元	角	分
（币种）人民币壹拾万元整		¥	1	0	0	0	0	0	0	0

委托你行将上述贷款金额转存/支付雅市利食品有限公司存款户。 借款人（签章） 2023 年 12 月 26 日	业务主管：张洪献 经办人：赵宏 （信贷部门签章） 2023 年 12 月 26 日	合同号：DK23589637 借款期限：2023年12月26日至2026年12月25日

第四联：收款人收账通知

凭证代码：3042

原始凭证 2－49－1

（复印件）

银行承兑汇票

出票日期（大写） 贰零贰叁 年 壹拾贰 月 壹拾玖 日　　2　　10202150 78654448

出票人全称	营口兴盛超市	收款人	全　称	雅布利食品有限公司
出票人账号	1445867167		账　号	2369874
付款行全称	工商银行解放支行		开户银行	工商银行解放路支行
出票金额	人民币（大写） 玖万柒仟玖佰柒拾壹元整		亿千百十万千百十元角分	¥9797100
汇票到期日（大写）	贰零贰肆年叁月壹拾玖日	付款行	行　号	
承兑协议编号	45666548		地　址	
本汇票请你行承兑，到期无条件付款。 营口兴盛超市 财务专用章　印 李杰 出票人签章		本汇票已经承兑，到期日由本行付款。 中国工商银行股份有限公司营口 汇票专用章 承兑行盖章 承兑日期 2023 年 12 月 19 日 备注：		密押 印 刘维 复核：　记账：

此联收款人开户行随托收凭证寄付款行作借方凭证附件

原始凭证 2－49－2

中国工商银行 INDUSTRIAL AND COMMERCIAL BANK OF CHINA

贴现凭证（收账通知）

申请日期 2023 年 12 月 27 日　　第　号

贴现汇票	种　类	银行承兑汇票	号码 78654448	持票人	名　称	雅布利食品有限公司
	出票日	贰零贰叁 年 壹拾贰 月 壹拾玖 日			账　号	2369874
	到票日	贰零贰肆 年 叁 月 壹拾玖 日			开户银行	工商银行解放路支行
汇票承兑人	名称	工商银行	账号 478912		开户银行	工商银行新区支行
汇票金额	人民币（大写）	玖万柒仟玖佰柒拾壹元整			千百十万千百十元角分	¥9797100
贴现率	6%	贴现利息	千百十万千百十元角分 ¥135527	实付贴现金额		千百十万千百十元角分 ¥9661573
贴现款项已入你单位账户。 中国工商银行股份有限公司锦宁 解放路支行 2023.12.27 核算用章 银行盖章 2023 年 12 月 27 日		备注：				

第四联 此联银行给持票人的收账通知

原始凭证 2－50－1

2102103280　　辽宁增值税专用发票　　№ 00425113

此联不作报销、扣税凭证使用　　开票日期：2023年12月27日

购买方	名　称：沈阳市广和商厦 纳税人识别号：912101063296077457 地址、电话：沈阳市沈河区5段45号 26537088 开户行及账号：工商银行永丰支行 64238431	密码区	（略）	

货物或应税劳务、服务名称	规格型号	单位	数量	单价	金额	税率	税额
奶油面包		千克	12 000	18.00	216 000.00	13%	28 080.00
合　计					¥216 000.00		¥28 080.00
价税合计（大写）	⊗贰拾肆万肆仟零捌拾元整				（小写）¥244 080.00		

销售方	名　称：雅布利食品有限公司 纳税人识别号：912107031109195736 地址、电话：锦宁市中央大街3段2号 4157809 开户行及账号：工商银行解放路支行 2369874	备注	雅布利食品有限公司 912107031109195736 发票专用章

收款人：　　复核：刘洪涛　　开票人：孙达　　销售方：（章）

第一联：记账联　销售方记账凭证

原始凭证 2－50－2

产成品出库单

2023年12月27日

提货单位：沈阳市广和商厦　　编号：L211

用途：销售　　仓库：1号库

名　称	规　格	单　位	数　量	单位成本	金　额	备注
奶油面包		千克	12 000			
合　计			12 000			

仓库负责人：李响　　出库经手人：李林　　提货人：李方

②会计记账

原始凭证 2－51－1

2102103280　　**辽宁增值税专用发票**　　No 00425114

此联不作报销、扣税凭证使用　　开票日期：2023 年 12 月 27 日

购买方	名　　称：天津市运来商场 纳税人识别号：912177084567892547 地 址、电 话：天津市松化西路8号 78452231 开户行及账号：工商银行大东支行 3257167				密码区	（略）	
货物或应税劳务、服务名称	规格型号	单位	数量	单价	金额	税率	税额
钙奶饼干		千克	4 000	15.00	60 000.00	13%	7 800.00
合　　计					¥60 000.00		¥7 800.00
价税合计（大写）	⊗陆万柒仟捌佰元整				（小写）¥67 800.00		
销售方	名　　称：雅布利食品有限公司 纳税人识别号：912107031109195736 地 址、电 话：锦宁市中央大街3段2号 4157809 开户行及账号：工商银行解放路支行 2369874				备注	现金折扣条件为"2/10，1/20，n/30"	

收款人：　　复核：刘洪涛　　开票人：孙达　　销售方：（章）

雅布利食品有限公司 912107031109195736 发票专用章

第一联：记账联 销售方记账凭证

原始凭证 2－51－2

产成品出库单

2023 年 12 月 27 日

提货单位：天津市运来商场　　编号：L212

用途：销售　　仓库：1 号库

名　称	规　格	单　位	数　量	单位成本	金　额	备注
钙奶饼干		千克	4 000			
合　计			4 000			

仓库负责人：李响　　出库经手人：李林　　提货人：李方

②会计记账

原始凭证 2－52－1

2102103280　　辽宁增值税专用发票　　No 00425115

此联不作报销、扣税凭证使用　　开票日期：2023年12月28日

购买方	名称：锦宁市太和超市 纳税人识别号：912107041055680223 地址、电话：锦宁市松山东路2-45号 3881255 开户行及账号：工商银行上华路支行 1034568897	密码区	（略）

货物或应税劳务、服务名称	规格型号	单位	数量	单价	金额	税率	税额
奶油面包		千克	9 000	17.64	158 760.00	13%	20 638.80
合计					¥158 760.00		¥20 638.80
价税合计（大写）	⊗壹拾柒万玖仟叁佰玖拾捌元捌角整				（小写）¥179 398.80		

销售方	名称：雅布利食品有限公司 纳税人识别号：912107031109195736 地址、电话：锦宁市中央大街3段2号 4157809 开户行及账号：工商银行解放路支行 2369874	备注	商业折扣比例2%

收款人：　　复核：刘洪涛　　开票人：孙达　　销售方：（章）

第一联：记账联　销售方记账凭证

原始凭证 2－52－2

产成品出库单

2023年12月28日

提货单位：锦宁市太和超市　　编号：L213

用途：销售　　仓库：1号库

名称	规格	单位	数量	单位成本	金额	备注
奶油面包		千克	9 000			
合计			9 000			

仓库负责人：李响　　出库经手人：李林　　提货人：李方

②会计记账

原始凭证 2－52－3

中 国 工 商 银 行 **本　票**　　2　　10202180 67895674

提示付款期限自出票之日起贰个月

出票日期（大写）贰零贰叁年壹拾贰月贰拾捌日

收款人：雅布利食品有限公司　　　　申请人：锦宁市太和超市

凭票即付	人民币（大写）	壹拾柒万玖仟叁佰玖拾捌元捌角整	亿	千	百	十	万	千	百	十	元	角	分
					¥	1	7	9	3	9	8	8	0

☑ 转账　　☐ 现金　　　　密押＿＿＿＿　行号＿＿＿＿

中国工商银行股份有限公司锦宁 本票专用章

备注：　　　出票行签章：　　　出纳：　　复核：　　经办：

原始凭证 2－52－4

ICBC 中国工商银行 INDUSTRIAL AND COMMERCIAL BANK OF CHINA　进账单（收账通知）3

年　月　日　　　　No1982347

出票人	全　称		收款人	全　称	
	账　号			账　号	
	开户银行			开户银行	

金额	人民币（大写）	亿	千	百	十	万	千	百	十	元	角	分

票据种类		票据张数	
票据号码			
备注：			

复核：　　　记账：

此联是收款人开户银行交给收款人的收账通知

原始凭证 2－53

ICBC 中国工商银行 凭证　　业务回单（收款）

入账日期：2023年12月29日　　回单编号：11185000002

付款人户名：天津市运来商场
付款人账号：3257167
付款人开户行：工商银行大东支行
收款人户名：雅布利食品有限公司
收款人账号：2369874
收款人开户行：工商银行解放路支行
币种：人民币（本位币）　　金额（小写）：¥66 600.00
金额（大写）：陆万陆仟陆佰元整
凭证种类：资金汇划收报　　凭证号码：1194374
业务（产品）种类：汇划收报 摘要：货款（转工行辽宁省锦宁解放路支行）
交易机构号：0070800032　　记账柜员：2　　交易代码：　　用途：前欠货款
客户附言：货款（转工行辽宁省锦宁解放路支行）用途：前欠货款 发报行行号：56894　　收报行行号：

（印章：中国工商银行股份有限公司锦宁解放路支行 业务专用章）

原始凭证 2－54－1

2102103280　　辽宁增值税专用发票　　No 00425116

此联不作报销、扣税凭证使用　　开票日期：2023年12月29日

购买方	名称：天津市运来商场 纳税人识别号：912177084567892547 地址、电话：天津市松化西路8号 78452231 开户行及账号：工商银行大东支行 3257167				密码区	（略）	
货物或应税劳务、服务名称	规格型号	单位	数量	单价	金额	税率	税额
钙奶饼干		千克	4 200	15.00	63 000.00	13%	8 190.00
合计					¥63 000.00		¥8 190.00
价税合计（大写）	⊗柒万壹仟壹佰玖拾元整				（小写）¥71 190.00		
销售方	名称：雅布利食品有限公司 纳税人识别号：912107031109195736 地址、电话：锦宁市中央大街3段2号 4157809 开户行及账号：工商银行解放路支行 2369874				备注	（印章：雅布利食品有限公司 912107031109195736 发票专用章）	

收款人：　　复核：刘洪涛　　开票人：孙达　　销售方：（章）

第一联：记账联　销售方记账凭证

原始凭证 2－54－2

产成品出库单

提货单位：天津市运来商场　　2023 年 12 月 29 日　　编号：L214

用途：销售　　仓库：1 号库

名称	规格	单位	数量	单位成本	金额	备注
钙奶饼干		千克	4 200			
合计			4 200			

②会计记账

仓库负责人：李响　　出库经手人：李林　　提货人：李方

原始凭证 2－54－3

中国工商银行 网上银行电子回单

电子回单号码：0065-6002-0836-1543

付款人	户名	天津市运来商场	收款人	户名	雅布利食品有限公司
	账号	3257167		账号	2369874
	开户银行	工商银行大东支行		开户银行	工商银行解放路支行
金额		¥71 190.00	金额（大写）		人民币柒万壹仟壹佰玖拾元整
摘要		货款	业务（产品）种类		网银互联
用途		货款			
交易流水号		0000036	时间戳		2023-12-29-00.10.25.635
中国工商银行 电子回单 专用章		备注： 附言：指令编号：HDIOAN1564135 提交人：45464FIJD			
		验证码：ljidjojadDDFCfa+djoaji			
记账网点	2003	记账柜员	3258	记账日期	2023年12月29日

打印日期：2023年12月29日

原始凭证 2－55－1

221071210　　辽宁增值税专用发票　　No 00081836

发票联　　开票日期：2023年 12 月 29 日

购买方	名称：雅布利食品有限公司 纳税人识别号：912107031109195736 地址、电话：锦宁市中央大街3段2号 4157809 开户行及账号：工商银行解放路支行 2369874			密码区	（略）		
货物或应税劳务、服务名称	规格型号	单位	数量	单价	金额	税率	税额
运输劳务					1 000.00	9%	90.00
合计					¥1 000.00		¥90.00
价税合计（大写）	⊗壹仟零玖拾元整				（小写）¥1 090.00		
销售方	名称：锦宁市洪顺运输公司 纳税人识别号：912107031981042837 地址、电话：锦宁市海景大街789号 3599800 开户行及账号：工商银行海景支行 155896144			备注	锦宁市洪顺运输公司 912107031981042837 发票专用章		

收款人：　　复核：孙海　　开票人：郑雨欣　　销售方：（章）

第三联：发票联 购买方记账凭证

原始凭证 2－55－2

中国工商银行
转账支票存根

10202120
00000253

附加信息

出票日期 2023 年 12 月 29 日

收款人：锦宁市洪顺运输公司

金额：￥1 090.00

用途：运费

单位主管　　会计

（印章：雅布利食品……财务专……）

原始凭证 2－56－1

2102103280　　辽宁增值税专用发票　　No 00425109

发票联　　开票日期：2023年12月16日

购买方	名　　称：锦宁市太和超市 纳税人识别号：912107041055680223 地址、电　话：锦宁市松山东路2-45号 3881255 开户行及账号：工商银行上华路支行 1034568897				密码区	（略）	
货物或应税劳务、服务名称	规格型号	单位	数量	单价	金额	税率	税额
奶油面包		千克	4 200	18.00	75 600.00	13%	9 828.00
合　　计					￥75 600.00		￥9 828.00
价税合计（大写）	⊗捌万伍仟肆佰贰拾捌元整				（小写）￥85 428.00		
销售方	名　　称：雅布利食品有限公司 纳税人识别号：912107031109195736 地址、电　话：锦宁市中央大街3段2号 4157809 开户行及账号：工商银行解放路支行 2369874				备注	（印章：雅布利食品有限公司 912107031109195736 发票专用章）	

收款人：　　复核：刘洪涛　　开票人：孙达　　销售方：（章）

第三联：发票联　购买方记账凭证

原始凭证 2 –56 –2

2102103280　　辽宁增值税专用发票　　No 00425109

抵扣联

开票日期：2023年12月16日

购买方	名　　称：锦宁市太和超市 纳税人识别号：91210704105568022З 地 址、电 话：锦宁市松山东路2-45号 3881255 开户行及账号：工商银行上华路支行 1034568897				密码区	（略）	
货物或应税劳务、服务名称	规格型号	单位	数量	单价	金额	税率	税额
奶油面包		千克	4 200	18.00	75 600.00	13%	9 828.00
合　　计					¥75 600.00		¥9 828.00
价税合计（大写）	⊗捌万伍仟肆佰贰拾捌元整				（小写）¥85 428.00		
销售方	名　　称：雅布利食品有限公司 纳税人识别号：912107031109195736 地 址、电 话：锦宁市中央大街3段2号 4157809 开户行及账号：工商银行解放路支行 2369874				备注	雅布利食品有限公司 912107031109195736 发票专用章	

收款人：　　复核：刘洪涛　　开票人：孙达　　销售方：（章）

第二联：抵扣联　购买方扣税凭证

原始凭证 2 –56 –3

开具红字增值税专用发票通知单

填开日期：2023 年 12 月 30 日　　　　*No.* 98902

销售方	名　称	雅布利食品有限公司	购买方	名　称	锦宁市太和超市	
	税务登记代码	912107031109195736		税务登记代码		
开具红字专用发票内容	货物（劳务）名称	数量	单价	金额	税率	税额
	奶油面包	4 200	18	75 600.00	13%	9 828.00
	合计	——	——	75 600.00	——	9 828.00
说明	一、购买方申请☐　（根据申请单选择以下内容） 对应蓝字专用发票抵扣增值税销项税额情况： 1. 需要做进项税额转出 ☐ 2. 不需要做进项税额转出 ☐ （1）无法认证 ☐ （2）纳税人识别号认证不符 ☐ （3）增值税专用发票代码、号码认证不符 ☐ （4）所购货物不属于增值税扣税项目范围 ☐ 对应蓝字专用发票密码区内打印的代码： 号码： 二、销售方申请☑ （1）因开票有误购买方拒收的 ☐ （2）因开票有误等原因尚未交付的 ☐ 对应蓝字专用发票密码区内打印的代码：＊＊＊＊＊＊＊ 号码：＊＊＊＊＊＊＊ 开具红字专用发票理由： 货物退回					

经办人：刘敏　　负责人：　　主管税务机关名称（印章）：

注：(1) 本通知单一式三联：第一联，申请方主管税务机关留存；第二联，申请方送交对方留存；第三联，申请方留存。(2) 通知单应与申请单一一对应。

原始凭证 2－56－4

2102103280　　辽宁增值税专用发票　　No 00425117

销项负数　　此联不作报销、扣税凭证使用　　开票日期：2023 年 12 月 30 日

购买方	名称：锦宁市太和超市 纳税人识别号：912107041055680223 地址、电话：锦宁市松山东路2-45号 3881255 开户行及账号：工商银行上华路支行 1034568897				密码区	（略）	
货物或应税劳务、服务名称	规格型号	单位	数量	单价	金额	税率	税额
奶油面包		千克	-4 200	18.00	-75 600.00	13%	-9 828.00
合计					¥-75 600.00		¥-9 828.00
价税合计（大写）	⊗（负数）捌万伍仟肆佰贰拾捌元整				（小写）¥-85 428.00		
销售方	名称：雅布利食品有限公司 纳税人识别号：912107031109195736 地址、电话：锦宁市中央大街3段2号 4157809 开户行及账号：工商银行解放路支行 2369874				备注	开具红字增值税专用发票通知单号：98902	

收款人：　　复核：刘洪涛　　开票人：孙达　　销售方：（章）

第一联：记账联　销售方记账凭证

原始凭证 2－56－5

中国工商银行 转账支票存根
10202120 00000254
附加信息
出票日期 2023 年 12 月 30 日
收款人：锦宁市太和超市
金额：¥85 428.00
用途：货款
单位主管　　会计

原始凭证 2－56－6

产成品出库单

提货单位：天津市运来商场　　　　2023 年 12 月 30 日　　　　编号：A089

用途：销售退回　　　　仓库：1 号库

名　称	规　格	单　位	数　量	单位成本	金　额	备注
奶油面包		千克	－4 200			
合　计			－4 200			

②会计记账

仓库负责人：李响　　　　出库经手人：李林　　　　提货人：李方

原始凭证 2－57

ICBC 银行利息业务回单（收款）

日期：　2023 年 12 月 31 日

回单编号：　2314100034560

付款人户名：　　　　付款人开户行：

付款人账号：

收款人户名：雅布利食品有限公司　　　　收款人开户行：工商银行解放路支行

收款人账号：2369874

金额：　人民币壹仟捌佰伍拾陆元整　　　　小写：　1 856.00 元

业务（产品）种类：利息入账　凭证种类：000000000　　　　凭证号码：　000000000000000000

摘要：　利息　　用途：　　　　币种：　人民币

交易机构：　0070800345　　记账柜员：02001　交易代码：60013　　渠道：　批量业务

起息日期：　2023－12－01　　止息日期：2023－12－31　利率：0.350000%　利息：1 856.00

计息账户账号：451234912454654897

中国工商银行股份有限公司锦宁解放路支行 业务专用章

打印日期：2023 年 12 月 31 日

原始凭证 2－58－1

短期借款利息计算表

2023 年 12 月 31 日　　　　单位：元

贷款项目	贷款期限	本金	年利率	月利息
经营周转借款	3 个月	120 000.00	4.00%	400.00
合　　计				400.00

原始凭证 2 －58 －2

ICBC 银行利息业务回单（付款）

日期：	2023 年 12 月 31 日		
回单编号：	2314100033005		
付款人户名：	雅布利食品有限公司	付款人开户行：	工商银行解放路支行
付款人账号：	2369874		
收款人户名：		收款人开户行：	
收款人账号：			
金额：	人民币肆佰元整	小写：	400. 00 元
业务（产品）种类：	利息入账　凭证种类：000000000	凭证号码：	000000000000000000
摘要：	对公贷款利息支付　用途：	币种：	人民币
交易机构：	0070800345　记账柜员：02001　交易代码：60013	渠道：	批量业务
起息日期：	2023 －12 －01　止息日期：2023 －12 －31	利率：	4. 000000%
利息：	400. 00　调整利息：　0. 00　冲正利息：　0. 00		

中国工商银行股份有限公司锦宁解放路支行 业务专用章

打印日期：2023 年 12 月 31 日

原始凭证 2 －59 －1

221071210　　辽宁增值税专用发票　　No 00081836

发　票　联

开票日期：2023 年 12 月 31 日

购买方	名　　称：雅布利食品有限公司 纳税人识别号：912107031109195736 地 址、电 话：锦宁市中央大街3段2号 4157809 开户行及账号：工商银行解放路支行 2369874				密码区	（略）	
货物或应税劳务、服务名称	规格型号	单位	数量	单价	金额	税率	税额
运输汽车		辆	1	20 000.00	80 000.00	13%	10 400.00
合　　计					¥80 000.00		¥10 400.00
价税合计（大写）	⊗玖万零肆佰元整				（小写）¥90 400.00		
销售方	名　　称：天津市腾达汽车销售有限公司 纳税人识别号：911200007735896552 地 址、电 话：天津市中心街103号 20203312 开户行及账号：建设银行中心营业部 13007188455				备注	天津市腾达汽车销售有限公司 911200007735896552 发票专用章	

收款人：　　复核：张帆　　开票人：孔林　　销售方：（章）

第三联：发票联　购买方记账凭证

原始凭证 2－59－2

固定资产验收交接单

2023 年 12 月 31 日　　　　单位：元

<table>
<tr><td>资产编号</td><td colspan="2">资产名称</td><td>计量单位</td><td>发票价格</td><td colspan="2">其他费用</td><td>合　计</td></tr>
<tr><td>3001</td><td colspan="2">运输汽车</td><td>辆</td><td>80 000.00</td><td colspan="2"></td><td>80 000.00</td></tr>
<tr><td colspan="2">资产来源</td><td colspan="2">外购</td><td>使用年限（年）</td><td>10 年</td><td rowspan="4">附属设备</td><td></td></tr>
<tr><td colspan="2">制造厂家</td><td colspan="2">天津市腾达汽车销售有限公司</td><td>预计净残值率</td><td>5%</td><td></td></tr>
<tr><td colspan="2">制造日期及编号</td><td colspan="2">2023 年 3 月</td><td>年折旧率</td><td></td><td></td></tr>
<tr><td colspan="2">使用部门</td><td colspan="2">生产车间</td><td>系　数</td><td></td><td></td></tr>
</table>

②财务留存

交验部门主管：周月　　　　设备科：郑林　　　　接管部门主管：张帅

原始凭证 2－59－3

银行承兑协议

银行承兑汇票的内容：　　　　协议号码：668956

出票人全称：雅布利食品有限公司　　　　收款人全称：天津市腾达汽车销售有限公司

开户银行：工商银行解放路支行　　　　开户银行：建设银行中心营业部

账号：2369874　　　　账号：13007188455

汇票号码：56743569　　　　汇票金额（大写）：玖万零肆佰元整

出票日期：2023 年 12 月 31 日　　　　到期日期：2024 年 3 月 31 日

以上汇票经银行承兑，出票人愿意遵守《支付结算办法》的规定及下列条款：

一、出票人于汇票到期日前将应付票款足额承兑银行。

二、承兑手续费按票面金额千分之五计算，在银行承兑时一次付清。

三、出票人与持票人如发生任何交易纠纷，均由其双方自行处理，票款于到期前应按第一条办理无误。

四、承兑汇票到期日，承兑银行凭票无条件支付票款。如到期日之前不能足额交付票款时，承兑银行对不足支付部分的票款作出票申请人逾期贷款，并按照有关规定计收罚款。

五、承付汇票款付清后，本协议自动失效。

承兑银行（甲方）（公章）　　　　承兑申请人（乙方）（公章）

签署日期：2023 年 12 月 31 日

原始凭证 2－59－4

银行承兑汇票（存根）

3　　10202150　56743569

出票日期（大写）贰零贰叁年壹拾贰月叁拾壹日

出票人全称	雅布利食品有限公司	收款人	全称	天津市腾达汽车销售有限公司	
出票人账号	2369874		账号	13007188455	
付款行全称	工商银行解放路支行		开户银行	建设银行中心营业部	
出票金额	人民币（大写）玖万零肆佰元整			亿千百十万千百十元角分	¥ 9 0 4 0 0 0 0
汇票到期日（大写）	贰零贰肆年叁月叁拾壹日	付款行	行号		
承兑协议编号	668956		地址		
	备注：				

此联由出票人存查

原始凭证 2－60

材料费用分配表

单位名称：　　　　年　月　日　　　　单位：元

领用部门＼材料名称		高筋面粉	中筋面粉	植物油	白糖	奶油	鸡蛋	鲜牛奶	合计
车间（钙奶饼干）	数量								
	单位成本								——
	金额								
车间（奶油面包）	数量								
	单位成本								——
	金额								
金额合计									

附注：高筋面粉的一次加权平均单位成本＝

中筋面粉的一次加权平均单位成本＝

植物油的一次加权平均单位成本＝

白糖的一次加权平均单位成本＝

奶油的一次加权平均单位成本＝

鸡蛋的一次加权平均单位成本＝

鲜牛奶的一次加权平均单位成本＝

原始凭证 2－61

工资费用分配表

2023 年 12 月 31 日　　　　单位：元

应借科目		工资		
总账科目	明细科目	分配标准（生产工时）	分配率	分配金额
生产成本	奶油面包	7 600		
	钙奶饼干	2 400		
	小计	10 000		168 000.00
制造费用				11 000.00
管理费用				19 800.00
合计				198 800.00

制表人：王莉

原始凭证 2－62

职工福利费计算表

2023 年 12 月 31 日　　　　单位：元

应借科目		工资	计提比例	福利费
总账科目	明细科目			
生产成本	奶油面包	127 680.00		
	钙奶饼干	40 320.00		
	小计	168 000.00		
制造费用		11 000.00		
管理费用		19 800.00		
合计		198 800.00	14%	

制表人：王莉

原始凭证 2－63

养老保险、医疗保险、失业保险、工伤保险、生育保险汇总计算单

2023 年 12 月 31 日　　　　单位：元

应借项目		计算依据	生育保险 0.5%	工伤保险 0.9%	养老保险 16%	医疗保险 7%	失业保险 0.5%	合计
生产成本	奶油面包	127 680.00	638.40	1 149.12	20 428.80	8 937.60	638.40	31 792.32
	钙奶饼干	40 320.00	201.60	362.88	6 451.20	2 822.40	201.60	10 039.68
	小计	168 000.00	840.00	1 512.00	26 880.00	11 760.00	840.00	41 832.00
制造费用		11 000.00	55.00	99.00	1 760.00	770.00	55.00	2 739.00
管理费用		19 800.00	99.00	178.20	3 168.00	1 386.00	99.00	4 930.20
合计		198 800.00	994.00	1 789.20	31 808.00	13 916.00	994.00	49 501.20

制表人：王莉

原始凭证 2－64－1

2102124143　　辽宁增值税专用发票　　No 0129981

发票联　　开票日期：2023年12月31日

购买方	名　称：雅布利食品有限公司 纳税人识别号：912107031109195736 地址、电话：锦宁市中央大街3段2号4157809 开户行及账号：工商银行解放路支行2369874				密码区	（略）		
货物或应税劳务、服务名称	规格型号	单位	数量	单价	金额	税率	税额	
电		度	8 328	1.50	12 492.00	13%	1 623.96	
合　计					¥12 492.00		¥1 623.96	
价税合计（大写）	⊗壹万肆仟壹佰壹拾伍元玖角陆分				（小写）¥14 115.96			
销售方	名　称：辽宁省电力有限公司锦宁太和供电分公司 纳税人识别号：912107027948360446 地址、电话：锦宁市市府西路77号252543165 开户行及账号：工商银行古塔支行2658742				备注	辽宁省电力有限公司锦宁太和供电分公司 912107027948360446 发票专用章		

收款人：李洪平　　复核：陈卓　　开票人：付雪　　销售方：（章）

第三联：发票联　购买方记账凭证

原始凭证 2－64－2

ICBC 中国工商银行　托收凭证（付账通知）5

委托日期　2023 年 12 月 31 日

业务类型	委托收款（□邮划、□电划）　托收承付（□邮划、☑电划）					
付款人	全称	雅布利食品有限公司	收款人	全称	辽宁省电力有限公司锦宁太和供电分公司	
	账号	2369874		账号	2658742	
	地址	辽宁省锦宁市/县　开户行：工商银行解放路支行		地址	辽宁省锦宁市/县　开户行：工商银行古塔支行	
金额	人民币（大写）	壹万肆仟壹佰壹拾伍元玖角陆分			亿千百十万千百十元角分：¥1411596	
款项内容	电费	托收凭证名称	发票		附寄单证张数	2
商品发运情况					合同名称号码	
备注： 付款人开户银行收到日期： 年　月　日 复核：　记账：		收款人开户银行签章 中国工商银行股份有限公司锦宁古塔支行 2023.12.31 核算用章 年　月　日			付款人注意： 1. 根据支付结算办法，上列委托收款（托收承付）款项在付款期限内未提出拒付，即视为同意付款，以此代付款通知。 2. 如需提出全部或部分拒付，应在规定期限内，将拒付理由书并附债务证明退交开户银行。	

此联付款人开户银行给付款人作付款通知

原始凭证 2－64－3

电 费 分 配 表

2023 年 12 月 31 日　　单位：元

应借科目		电费		
总账科目	明细科目	分配标准（工时）	分配率	分配金额
生产成本	奶油面包	7 600		
	钙奶饼干	2 400		
	小计	10 000		10 342
制造费用				1 000
管理费用				1 150
合计				12 492

制表人：王莉

原始凭证 2－65－1

2102124143　　辽宁增值税专用发票　　№ 0129992

发票联　　开票日期：2023年12月31日

购买方	名称：雅布利食品有限公司 纳税人识别号：912107031109195736 地址、电话：锦宁市中央大街3段2号 4157809 开户行及账号：工商银行解放路支行 2369874	密码区	（略）			
货物或应税劳务、服务名称	规格型号	单位	数量	单价	金额	税率	税额
水		吨	510	3.00	1 530.00	9%	137.70
合计					¥1 530.00		¥137.70
价税合计（大写）	⊗壹仟陆佰陆拾柒元柒角整				（小写）¥1 667.70		
销售方	名称：锦宁市自来水有限公司 纳税人识别号：912107052208184326 地址、电话：锦宁市凌西路77号 2893251 开户行及账号：工商银行古塔支行 2757856	备注	锦宁市自来水有限公司 912107052208184326 发票专用章			

收款人：崔倩　　复核：王佳音　　开票人：李博　　销售方：（章）

第三联：发票联　购买方记账凭证

原始凭证 2 –65 –2

ICBC 中国工商银行 托收凭证（付账通知）5

委托日期 2023 年 12 月 31 日

业务类型	委托收款（□邮划、□电划） 托收承付（□邮划、☑电划）				
付款人 全称	雅布利食品有限公司		收款人 全称	锦宁市自来水有限公司	
付款人 账号	2369874		收款人 账号	2757856	
付款人 地址	辽宁省 锦宁 市/~~县~~	开户行 工商银行解放路支行	收款人 地址	辽宁省 锦宁 市/~~县~~	开户行 工商银行古塔支行
金额 人民币（大写）	壹仟陆佰陆拾柒元柒角整			亿 千 百 十 万 千 百 十 元 角 分	¥ 1 6 6 7 7 0
款项内容	水费	托收凭证名称	发票	附寄单证张数	2
商品发运情况			合同名称号码		
备注： 付款人开户银行收到日期： 年 月 日 复核： 记账：	中国工商银行股份有限公司锦宁古塔支行 2023.12.31 收款人开户银行签章 业务用章 年 月 日		付款人注意： 1. 根据支付结算办法，上列委托收款（托收承付）款项在付款期限内未提出拒付，即视为同意付款，以此代付款通知。 2. 如需提出全部或部分拒付，应在规定期限内，将拒付理由书并附债务证明退交开户银行。		

此联付款人开户银行给付款人作付款通知

原始凭证 2 –65 –3

水费分配表

2023 年 12 月 31 日 单位：元

应借科目	水费
制造费用	1 330
管理费用	200
合计	1 530

制表人：王莉

原始凭证 2 –66

制造费用分配表

2023 年 12 月 31 日 单位：元

总账科目	明细科目	分配标准（工时）	分配率	分配金额
生产成本	奶油面包	7 600		
	钙奶饼干	2 400		
合计		10 000		

制表人：王莉

原始凭证 2－67

产品成本计算单

单位名称：钙奶饼干　　　　年　　月　　日　　　　单位：元

摘要	产量（千克）	直接材料	燃料和动力	直接人工	制造费用	合计
期初在产品成本						
本月生产费用						
生产费用累计						
单位成本						
完工产品成本						
月末在产品成本						

原始凭证 2－68

产品成本计算单

单位名称：奶油面包　　　　年　　月　　日　　　　单位：元

摘要	产量（千克）	直接材料	燃料和动力	直接人工	制造费用	合计
期初在产品成本						
本月生产费用						
生产费用累计						
单位成本						
完工产品成本						
月末在产品成本						

原始凭证 2－69

产品销售成本计算表

年　　月　　日　　　　单位：元

产品名称	本月销售产品		
	数量（千克）	单位成本	总成本
钙奶饼干			
奶油面包			
合计			

制表人：王莉

原始凭证 2－70－1

增值税计算表

年　　月　　日　　　　单位：元

项目	金额
本月增值税销项税额	
本月增值税进项税额	
本月增值税进项税额转出	
本月应交增值税	

制表人：王莉

原始凭证 2－70－2

城市维护建设税及教育费附加计算表

年　月　日　　　　单位：元

税费	计算依据	税率	金额
城市维护建设税			
教育费附加			
合计			

制表人：王莉

原始凭证 2－71

无 形 资 产 摊 销 表

2023 年 12 月 31 日　　　　单位：元

无形资产名称	金额	摊销年限	本月摊销
商标权	720 000	10 年	

制表人：王莉

原始凭证 2－72

收 款 收 据

NO:00388255

收款日期　2023年12月31日

付款单位（交款人）	供销科	收款单位（收款人）	雅布利食品有限公司	收款项目	备用金
人民币（大写）	贰仟伍佰元整	千百十万千百十元角分	¥ 2 5 0 0 0 0	结算方式	现金
收款事由	备用金	经办	部门		
			人员		
上述款项照数收讫无误。收款单位财务专用章：（领款人签章）	会计主管	稽核	出纳	交款人	
	赵兴权	王莉	刘莎莎	王宏	

雅布利食品有限公司 财务专用章

第二联 收款单位记账凭证

使用范围及规定：（1）本收据只能用于单位内部和单位与单位、单位与个人之间的非经营性经济往来，不得代替发票、行政事业性收费等政府非税收入收据和罚没收据。（2）结算方式按现金结算、银行结算和转账结算等方式分别填列。（3）作废时，应加盖作废戳记，并同存根一起保存，不得自行销毁。

原始凭证 2－73

损益类账户发生额表

单位：元

账户名称	发生额	
	借方发生额	贷方发生额
主营业务收入		
其他业务收入		
投资收益		
营业外收入		
主营业务成本		
其他业务成本		
税金及附加		
销售费用		
管理费用		
财务费用		
营业外支出		
合计		

制表人：王莉

原始凭证 2－74

企业所得税计算表

税款所属期间：　　年　月　日　　单位：元

项目	金额
利润总额	
应纳税所得额	
应纳所得税额（税率25%）	

制表人：王莉

原始凭证 2－75

盈余公积计提表

年　月　日　　单位：元

项目	全年净利润	计提比例	金额
法定盈余公积			
任意盈余公积			

制表人：王莉

附 1

总账账户试算平衡表

单位：元

序号	账户名称	期初余额		本期发生额		期末余额	
		借方	贷方	借方	贷方	借方	贷方
1	库存现金						
2	银行存款						
3	其他货币资金						
4	应收票据						
5	应收账款						
6	其他应收款						
7	在途物资						
8	原材料						
9	库存商品						
10	周转材料						
11	固定资产						
12	累计折旧						
13	固定资产清理						
14	待处理财产损溢						
15	无形资产						
16	累计摊销						
17	短期借款						
18	应付票据						
19	应付账款						
20	预收账款						
21	应付职工薪酬						
22	应交税费						
23	其他应付款						
24	长期借款						
25	实收资本						
26	盈余公积						
27	本年利润						
28	利润分配						
29	生产成本						
30	制造费用						
31	主营业务收入						
32	营业外收入						
33	主营业务成本						
34	税金及附加						
35	销售费用						
36	管理费用						
37	财务费用						
38	营业外支出						
39	所得税费用						
合　计							

附 2

附 2－1　　总账与其所属明细账户本期发生额和余额试算平衡表

年　　月　　　　单位：元

总账账户	明细账户	明细账本期发生额		总账本期发生额		与总账是否核对相符（√）	明细账期末余额		总账期末余额		与总账是否核对相符（√）
		借方	贷方	借方	贷方		借方	贷方	借方	贷方	
库存现金	库存现金										
银行存款	银行存款										
其他货币资金	备用金										
	银行汇票（锦宁市面粉厂）										
	银行汇票（鞍山华泰商场）										
	合计										
应收票据	天津市远大商场										
	营口兴盛超市										
	大连市和平超市										
	合计										
应收账款	营口利达超市										
	天津市运来商场										
	沈阳市广和商厦										
	阜新市大华商场										
	合计										
其他应收款	职工商娟										
	出纳员										
	保管员										
	合计										
在途物资	鸡蛋										
	合计										
原材料	中筋面粉										
	高筋面粉										
	白糖										
	奶油										
	鸡蛋										
	鲜牛奶										
	废旧材料										
	植物油										
	合计										
库存商品	钙奶饼干										
	奶油面包										
	合计										
周转材料	面包模具										
	饼干模具										
	合计										

附 2－2

年　　月　　　　　　　　　　　　　　　　　　　　单位：元

总账账户	明细账户	明细账本期发生额		总账本期发生额		与总账是否核对相符（√）	明细账期末余额		总账期末余额		与总账是否核对相符（√）
		借方	贷方	借方	贷方		借方	贷方	借方	贷方	
固定资产	车间房屋建筑物										
	厂部房屋建筑物										
	车间机器设备（烤箱）										
	车间机器设备（旧式和面机）										
	车间机器设备（新式和面机）										
	车间机器设备（成型机）										
	车间机器设备（打蛋机）										
	厂部管理设备（办公台式电脑）										
	厂部管理设备（打印机）										
	厂部管理设备（办公手提电脑）										
	车间运输设备										
	合计										
累计折旧	车间房屋建筑物										
	厂部房屋建筑物										
	车间机器设备（烤箱）										
	车间机器设备（旧式和面机）										
	车间机器设备（成型机）										
	车间机器设备（打蛋机）										
	厂部管理设备（办公台式电脑）										
	厂部管理设备（打印机）										
	厂部管理设备（办公手提电脑）										
	车间运输设备										
	合计										
固定资产清理	车间机器设备（旧式和面机）										
无形资产	商标权										
累计摊销	累计摊销										
待处理财产损溢	待处理流动资产损溢										
	待处理固定资产损溢										
	合计										
短期借款	流动资金借款										
应付票据	大连极味有限公司										
	天津市腾达汽车销售有限公司										
	合计										

附 2－3

年　　月　　　　　　　　　　　　　　　　单位：元

总账账户	明细账户	明细账本期发生额		总账本期发生额		与总账是否核对相符（√）	明细账期末余额		总账期末余额		与总账是否核对相符（√）
		借方	贷方	借方	贷方		借方	贷方	借方	贷方	
应付账款	锦宁市保真养鸡场										
	锦宁市面粉厂										
	锦宁市宏策食品有限公司										
	合计										
预收账款	锦宁市华联超市										
应付职工薪酬	工资										
	职工福利										
	社会保险费										
	合计										
应交税费	应交增值税										
	应交所得税										
	应交城建税										
	应交教育费附加										
	合计										
其他应付款	应付养老保险										
	应付医疗保险										
	应付失业保险										
	合计										
实收资本	刘伟										
盈余公积	法定盈余公积										
	任意盈余公积										
	合计										
本年利润	本年利润										
利润分配	提取法定盈余公积										
	提取任意盈余公积										
	未分配利润										
	合计										
生产成本	钙奶饼干										
	奶油面包										
	合计										
制造费用	车间										
主营业务收入	钙奶饼干										
	奶油面包										
	合计										
营业外收入	营业外收入										
主营业务成本	主营业务成本										
税金及附加	税金及附加										
销售费用	销售费用										
管理费用	管理费用										
财务费用	财务费用										
营业外支出	营业外支出										
所得税费用	所得税费用										

附 3

中国工商银行客户存款对账单

网点号：　　币种：人民币　　单位：元　　2023 年

账号	户名	上月余额
2369874	雅布利食品有限公司	1 117 384. 00

日期	交易类型	凭证种类	凭证号	对方户名	摘要	借方发生额	贷方发生额	余额
2023/12/01	转账	略	略	略	购用品	655. 40		1 116 728. 60
2023/12/01	现金				存现金		410. 00	1 117 138. 60
2023/12/01	转账				收多余款		10 000. 00	1 127 138. 60
2023/12/02	现金				提现	170 050. 00		957 088. 60
2023/12/03	转账				付体验费	25 832. 00		931 256. 60
2023/12/04	转账				付保险费	67 260. 00		863 996. 60
2023/12/05	转账				交税金	49 500. 00		814 496. 60
2023/12/05	转账				付广告费	1 378. 00		813 118. 60
2023/12/06	转账				购和面机	81 280. 00		731 838. 60
2023/12/06	转账				收货款		47 800. 00	779 638. 60
2023/12/08	现金				提现	4 695. 00		774 943. 60
2023/12/08	转账				付捐款	1 600. 00		773 343. 60
2023/12/12	转账				收汇票款		35 100. 00	808 443. 60
2023/12/12	转账				购支票	30. 00		808 413. 60
2023/12/12	转账				收货款		33 900. 00	842 313. 60
2023/12/12	转账				付货款	11 336. 00		830 977. 60
2023/12/12	转账				办理汇票	170 000. 00		660 977. 60
2023/12/14	转账				代垫运费	1 962. 00		659 015. 60
2023/12/15	转账				付货款	33 900. 00		625 115. 60
2023/12/15	转账				付货款	6 867. 00		618 248. 60
2023/12/16	转账				收货款		85 428. 00	703 676. 60
2023/12/17	转账				收货款		66 613. 50	770 290. 10
2023/12/20	转账				付维修费	1 107. 40		769 182. 70
2023/12/21	转账				预收款		132 210. 00	901 392. 70
2023/12/22	转账				付货款	9 810. 00		891 582. 70
2023/12/26	转账				借款		100 000. 00	991 582. 70
2023/12/27	转账				贴现		96 615. 73	1 088 198. 43
2023/12/28	转账				收货款		179 398. 80	1 267 597. 23
2023/12/29	转账				收货款		66 600. 00	1 334 197. 23
2023/12/29	转账				收货款		71 190. 00	1 405 387. 23
2023/12/29	转账				支付运费	1 090. 00		1 404 297. 23
2023/12/30	转账				付货款	16 200. 00		1 388 097. 23
2023/12/31	转账				托收		46 800. 00	1 434 897. 23
2023/12/31	转账				存款利息		1 856. 00	1 436 753. 23
2023/12/31	转账				借款利息	400. 00		1 436 353. 23
2023/12/31	转账				付电费	14 115. 96		1 422 237. 27
2023/12/31	转账				付水费	1 667. 70		1 420 569. 57
合计						670 736. 46	973 922. 03	1 420 569. 57

参考文献

1. 中华人民共和国财政部制定：《企业会计准则》，经济科学出版社2006年版。
2. 中华人民共和国财政部制定：《小企业会计准则》，经济科学出版社2011年版。
3. 财政部会计司编写组：《小企业会计准则释义》，中国财政经济出版社2011年版。
4.《中华人民共和国票据法》，中国法制出版社2013年第2版。
5. 中国会计学会编写组编写：《财经法规与会计职业道德》，经济科学出版社2009年版。
6.《会计基础工作规范》，经济科学出版社2011年版。
7. 张华、李凤云主编：《会计基础与基本技能实训》（第二版），中国财政经济出版社2019年版。